Oliver D. Bidlo

Mythos Mittelerde

Meinen Kindern

Oliver D. Bidlo

Mythos Mittelerde

Über Hobbits, Helden und Geschichte

in Tolkiens Welt

Oldib Verlag

Bibliografische Information der
Deutschen Nationalbibliothek
Die Deutsche Nationalbibliothek verzeichnet diese
Publikation in der Deutschen Nationalbibliografie.
Detaillierte bibliografische Daten sind im Internet
über http://dnb.ddb.de abrufbar.

Waldeck 14, 45133 Essen
www.oldib-verlag.de, info@oldib-verlag.de
Titelbild: Joseph Sacco, Eye of a Young Woman (1844)
Kapitelillustrationen: Melanie Philippi
http://esmeroth.deviantart.com
Herstellung: BoD, Norderstedt

ISBN 978-3-939556-32-9

„Niemand könnte den Preis von Büchern in anderen Werten ausdrücken. Denn das, was sie uns bieten, wiegt unendlich mehr als das Vergnügen, das uns die Macht, Wein oder Weib gewähren."

Richard de Bury
Mitte des 14. Jahrhunderts

~ Inhalt ~

Vorwort zur neuen Verlagsausgabe

Seit dem Erscheinen des Buches im Jahre 2002 hat besonders der neue Aspekt der mittelalterlichen Zahlenmythologie bzw. Zahlenallegorese ein breites Echo erfahren und vielfältige Diskussionen hervorgebracht. Bis zu diesem Zeitpunkt war noch niemandem aufgefallen, dass Tolkien einige Zahlen bewusst ausgewählt hatte, um die Bedeutung der bezeichneten Sache oder der Person weiter zu unterlegen. *Mythos Mittelerde* war und ist dergestalt immer noch eine Premiere, wenn es um diesen Aspekt geht. Andere Punkte zu Tolkien und Mittelerde, die zu Beginn der 2000er Jahre einem breiteren Publikum noch nicht so bekannt waren, sind zwischenzeitlich *Allgemeinwissen* geworden. So mag die Quelle Tolkiens für die Namen der Zwerge und für Gandalf kaum noch überraschen. Solche Informationen sind aber in der hier vorgelegten Fassung erhalten geblieben. An der ein oder anderen Stelle wurde neuere Literatur eingearbeitet, was bei der Vielzahl an Publikationen – die ich sehr begrüße – nicht immer leicht war. Das rege Interesse der Öffentlichkeit an Tolkien und seiner Welt Mittelerde – sicherlich nochmals stark angestoßen durch die Filme – hat auch dazu geführt, dass Forscher, Studierende oder Interessierte, die zu Tolkien forschen und schreiben, nicht mehr als reine Exoten angesehen werden. Die Aktivitäten der Deutschen Tolkien Gesellschaft, die RingCon und andere Conventions, organisierte Tolkientage und -seminare und insgesamt das gesteigerte Interesse an Fantasy in Literatur, Film und Fernsehen haben ebenfalls dazu beigetragen, dass Fantasy im

Allgemeinen und Tolkien im Besonderen als Forschungsfeld interessant wurden.

Zurück zu den in diesem Buch besprochen Themen. In dem Diskurs mit Tolkienexperten und -interessierten sind nun die bisherigen Erkenntnisse bezüglich der Zahlensymbolik bei Tolkien weitestgehend bestätigt worden. Zudem hat sich in dieser Auseinandersetzung und den vielen Gesprächen, die zu weiteren Hinweisen führten, unterschiedlich neues Material aufgetan, das zum einen den Grundaspekt, dass Tolkien mit dem Stilmittel der mittelalterlichen Zahlenmythologie gearbeitet hat, weiter verstärkt und noch mehr absichert. So gab mir z. B. mein Kollege Prof. Dr. Thomas Honegger schon sehr früh den Hinweis auf einen Aufsatz von Stephen Yandell, der das mittelalterliche Konzept der *ordered four* thematisiert und es in Verbindung mit den *Inklings* bringt. Zwar hatte ich bereits einiges von diesen Punkten ohne Kenntnis des Aufsatzes selbst erarbeitet und ins Buch gebracht, aber dort fanden sich noch weitere Aspekte, die nun im Kapitel über die *Namenszahl* neu eingearbeitet wurden. Und zum anderen ist auch eine neue Zahl hinzugekommen, von der man mit Sicherheit davon ausgehen kann, dass Tolkien sie bewusst wählte, um eine zusätzliche Tiefenebene zu etablieren, da ihr Sinngehalt mit der Bedeutung ihrer Träger übereinstimmt und ihre komplexe Verwendung im *Herrn der Ringe* erklärt. Die Rede ist hier von der *9*[1] im *Herrn der Ringe*, die in vielfältiger Art und Weise mit Bedeutung unterlegt ist.

So beinhaltet nun diese Verlagsausgabe jene neuen Aspekte, Ergänzungen und Erweiterungen, gleichzeitig wurden einige nie ganz vermeidbare Textfehler behoben. Aufmerksam vergleichende Leser der ersten Fassung werden feststellen, dass sich der Umfang des Buches trotz erweiterter Fassung kaum geändert hat. Dies ließ sich trotz eines zusätzlichen Kapitels und anderen Erweiterungen durch eine andere Typographie und Textsetzung erzielen.

Oliver D. Bidlo
September 2012

Vorwort von Frank Weinreich

Mythos Mittelerde – schon der Titel des Buches zog mich bei seiner Erstveröffentlichung vor zehn Jahren magisch an, ist es doch das Mythische, was mich an Mittelerde immer schon am meisten faszinierte. Und das Buch sollte mich nicht enttäuschen, so dass ich im Sommer 2012 höchst erfreut war, als der Autor mir ein Vorabexemplar der Neuauflage zukommen ließ.

Man muss aber, finde ich, wenn man über Mythos redet oder nachdenkt, schon bei dem ursprünglichen Sinn des Mythos bleiben. Sie sind verunsichert, was ich damit meine? Keine Angst, dieses Buch wird Ihnen den Sinn von Mythos auf spannende Art erläutern und dabei nicht stehenbleiben, sondern ihnen diesen Sinn auch nahebringen, denn er hat Bedeutung; auch heute noch, auch für Sie, wenn Sie wollen.

Das Wort *Mythos* hat sich jedoch etwas abgenutzt über die Jahre, besonders seit die Medien und ganz besonders die Werbewirtschaft es für alle möglichen Ereignisse und Produkte benutzt, weshalb wir kurz auf das eigentliche Wesen der Mythen zu sprechen kommen müssen. Allzu vieles ist heute 'Mythos' oder 'Kult' und wenn wir erst einmal bei einer 'kultigen' Milchschokolade angekommen oder dem vielfachen 'Kult' von TV-Sendungen oder minderjährigen Stars mit eigens veröffentlichten Biographien ausgesetzt sind, fällt es schwer, noch das Besondere in den Blick zu nehmen, dass Mythos und Kultus eigentlich bezeichnen. Denken Sie also lieber an die Schule und mehr oder weniger geliebte Deutsch- und Geschichtsstunden zurück, wenn Sie sich dem Mythos, besonders dem Mythos Mittelerde nähern.

Mythos ist … Aber nein, das überlasse ich dann doch lieber dem Autoren, der das ein paar Seiten weiter ganz wunderbar erklärt. Hier genügt zu sagen, dass Mythos vom Menschen erzählt. Mythen berichten von seinen Ängsten und Hoffnungen, vor allem aber von seinen Fragen. Die Mythen beantworten die großen Fragen – *Woher kommen wir? Wohin gehen wir? Und warum?* sowie alle Fragen ähnlichen Kalibers – auf die einzige Weise, wie der Mensch, der die Mythen ja schließlich selbst erfindet, sie beantworten kann: kraftvoll, wenn auch spekulativ. Mythen besitzen eine nur individuelle Wahrheit, aber es gibt eigentlich keinen Grund, dass „nur" als bedeutende Einschränkung anzusehen, denn es ist eben ein kraftvoller Mythos, den das Individuum (er)finden kann, wenn es sich auf dieses Abenteuer einlässt.

Im Mythischen erkennen wir uns demnach selbst und damit ist es eine starke Basis für kreatives Rezipieren oder Schaffen, beispielsweise das Lesen oder Schreiben von Büchern, das Hören oder Erfinden von Geschichten, besonders phantastischen Geschichten, besonders Fantasy. Warum findet sich das Mythische besonders in der Fantasy beziehungsweise phantastischen Geschichten? Weil sie der letzte Rückzugsort des Mythos in einer rational durcherklärten Welt sind. Beseelte Dinge, Naturgeister und ein objektiver Sinn des Lebens sind von Mikroskop und Teleskop vertrieben worden, und in den allermeisten Fällen ist das auch gut so, denn es hilft nicht, den Mythos und das Übernatürliche zu nutzen, um die Augen vor der Wahrheit zu verschließen. Doch es gibt einen Bereich des Spirituellen und des potenziell Sinnhaften, der sich dem wissenschaftlichen Weltbild prinzipiell entzieht, und den Menschen verlangt es nach diesem Bereich, denn er ist erfüllt von einem metaphysischen Bedürfnis.

Dieses Bedürfnis kann objektiv heute nur noch das Spiel mit der Phantastik erfüllen. Ich bin überzeugt, dass in diesem Spiel mit Göttern und Geboten, Dämonen und Verboten, mit objektivem Lohn und Strafen und in der Spekulation über wirklich allumfassende Kosmogonien ein ganz wesentlicher Punkt für die Attraktivität des Genres, für den Erfolg von Elfen, Zwergen, Olympiern und Zauberschülern liegt. Der einflussreichste Spekulant war der Professor aus Oxford, der uns das Fantasybuch der Fantasybücher gab; und wenn ich damit richtig liege, dass Fantasy attraktiv ist wegen seiner mythischen Elemente, dann dürften die in Mittelerde in ganz besonderer Qualität und eventuell auch Anzahl vorhanden sein. Und so ist es auch, wie das Buch, das Sie gerade in Händen halten, Ihnen zeigen wird.

Tolkiens Welt Mittelerde ist in vielerlei Hinsicht mit dem Mythos verbunden: Erstens unterlegte Tolkien seiner Fiktion realgeschichtliche Mythen. Die Welt Mittelerde lebt zweitens in ihren bekanntesten Ausprägungen, den Erzählungen *Der Hobbit* und *Der Herr der Ringe,* von den eigengeschichtlichen Mythen, die den Erzählungen erst die letztendliche Tiefe geben, die sie so attraktiv machen. Und drittens wollte Tolkien bewusst einen Mythos schaffen, was ihm viertens, wie man heute sagen kann, auch in gewisser Weise gelungen ist. Das Verdienst von *Mythos Mittelerde* ist es, dieses Thema zusammenfassend in übersichtlicher und vor allem gut verständlicher Weise zu behandeln.

Natürlich setzt der Autor dabei persönliche Schwerpunkte – die christliche Tradition und die mit ihr verbundene Zahlenmystik sind hier an erster Stelle zu nennen – und er kann im vorliegenden Umfang das Thema auch nicht erschöpfend behandeln. Er will das meines Eindrucks auch gar nicht, sondern stupst den Leser mal in die linke Flanke, mal knufft er ihn auf den rechten Schenkel, mal gibt er ihm sogar einen provokativen leichten Klaps auf den Hinterkopf, sich selbst denkend dem Mythos Mittelerde zu nähern und weitere, aber vor allem eigene mythische Vorstellungen in den Buchseiten zu suchen, um ganz individuell herauszufinden, worin der mythische Reiz dieser berühmtesten aller imaginären Welten liegt. Und das ist wahrscheinlich der größte Verdienst des Buches von Oliver Bidlo, der damit nicht nur dem Auftrag der Gelehrten folgt, aufzuklären, sondern noch mehr dazu anleitet, selber zu denken und denkend kreativ und vielleicht sogar denkend mythenschöpferisch tätig zu werden.

Blessed are the legend-makers with their rhyme,
Of things not found within recorded time.
(J. R. R. Tolkien: Mythopoeia)

Bochum, im September 2012

~ Einführung ~

Tolkiens Kosmos, der vom *Silmarillion* über den *Hobbit* bis hin zum *Herrn der Ringe* reicht, hat in den vergangenen fünfundsechzig Jahren, beginnend mit der Veröffentlichung des *Hobbits* im Jahre 1937, ein bis heute ungebrochenes Interesse hervorgerufen. Obwohl die Zeiten vergangen zu sein scheinen, in denen Studenten ihre Wohngemeinschaften „Garten Lorien" nannten (die Gärten in Valinor, wo die erschöpften Seelen der Unsterblichen von Zeit zu Zeit Erholung finden) und sich dort allabendlich aus dem *Herrn der Ringe* vorlasen, wie es in den siebziger Jahren des 20. Jahrhunderts üblich war – so ein damaliger Student und heutiger Hochschulprofessor – zählt Tolkien immer noch zur Standardlektüre vieler junger Menschen.

Die Welt von Mittelerde zieht damals wie heute Leser in ihren Bann, wobei die Motivation für den Beginn mit diesem nicht immer ganz leicht zu überblickenden Lesestoff so vielseitig ist, wie das Gesicht seiner Leser. Findet man Rast im Alltag und bricht man dann zu einer Reise nach Mittelerde auf, so eröffnet sich ein unvergleichlicher Kosmos, der immer wieder Neues und Überraschendes für den findigen Leser bereithält und so zu einem lang anhaltenden Interesse geradezu nötigt. Tolkiens Bücher sind jene, die sich weigern nur sachlich gelesen zu werden, da in ihnen das mythische Denken, der mythische Blick auf die Welt seinen Ausdruck findet. Beschreitet man die Welt Mittelerdes, taucht man ein in Tolkiens mythisches Denken. In diesem Sinne leistet er einen Beitrag zur Remythologisierung der Welt, die in vielen Augen mehr und mehr in den Griff der Versachlichung gerät. Der Entzauberung der Welt tritt er demnach entgegen. Gerade hierin mag wohl ein Grund für die Nachhaltigkeit von Tolkiens Erfolg liegen; die Möglichkeiten der Hinwendung zu seinem Werk erscheinen nahezu unbegrenzt. Tolkiens Arbeit kann mit Recht als Mythologie bzw. Mythos bezeichnet werden. Und das wird für den weiteren Verlauf dieses Buches bedeutsam sein.

Der *Mythos* (griech. Mythos, erdichtete Erzählung, lat. Mythus) ist eine Erzählung in Symbolen und verlangt deshalb nach einer Interpretation, die hinter dem buchstäblichen einen verborgenen Sinn enthüllt und folglich seinen symbolischen Wirklichkeitsgehalt erklärt. Der Mythos überschreitet die Grenzen tatsächlicher geschichtlicher Ereignisse und spielt in einer ihm eigenen Zeit. Inhaltlich erzählt er von ursprünglichen Begebenheiten, die jedoch für die jetzige, gegenwärtige Situation den Ursprung bilden. *Geschichte wird zur Legende, Legende wird zum Mythos.* So erhält der Mythos insofern eine Bedeutung, als dass er über die Quelle der menschlichen Existenz, ihre Grenzen und ihr Schicksal berichtet. Er vermittelt ein Verständnis der menschlichen Wirklichkeit, obgleich er nur auf indirekte Weise von ihr handelt. Der Mythos steht ferner für eine fruchtbare Weltbetrachtung und Welterklärung, die zwar auf eine frühe Kulturstufe verweist, aber dennoch einen Kern an Wahrheit in sich trägt. Er verdeutlicht natürliche wie gesellschaftliche Abläufe und dient folglich als Sinnstifter. Insofern hatte der Mythos in einem mythischen Weltbild immer schon eine grundlegende Orientierungsfunktion für das Handeln des Einzelnen. Darüber hinaus steht der Mythos mit der Fantasyliteratur in einem besonderen Verhältnis, »tritt die Fantasy, wenn auch unter veränderten Vorzeichen, in gewisser Hinsicht in die Fußstapfen des Mythos. […] Und Fantasy bedient sich fleißig aus dem Vorrat des mythischen Denkens sowohl hinsichtlich des Aufbaus als auch hinsichtlich seiner Metaphern.«[2]

Die heutige Hinwendung und das Verständnis für den Mythos erfordern nun ein Heraustreten aus einer kausal determinierten Umwelt – und damit ein *Zurückschneiden* des dominierenden Logos – und das Beschreiten einer manchmal nebelhaft verschwommenen und phantastischen Welt. Es wird sich zeigen, dass sich in Tolkiens Arbeiten viele dieser Aspekte widerspiegeln; denn seine Geschichten halten Gesichtspunkte verborgen, die man nur dadurch enthüllen kann, dass man sich ihnen wie einem Mythos oder einer alten Geschichtsquelle nähert. Mit Friedhelm Schneidewind lässt sich zurecht konstatieren: »Die Kunst des Schreibens besteht zu einem nicht unerheblichen Teil darin, Ideen und Motive neu zu verbinden und darzustellen. Was immer man genau unter phantastischer Literatur und Fantasy versteht, eines zeichnet diese stets aus: So gut wie immer finden wir darin Topoi oder Motive aus älteren Mythen.«[3] Deutlicher wird dieser Umstand auch durch einen kurzen Blick auf den Begriff des *Textes* selbst. Nicht umsonst klingen *Textilie* und *Text* ähnlich, stammen doch beide vom lateinischen *textus* ab, was *das Weben* und das *Gewebe* meint. Ein Text (nicht nur ein Fantasytext) ist etwas Gewobenes, etwas Zusammengefügtes, besteht aus einem *Zusammenhang*. Und dieser Zusammenhang bezieht sich nicht nur auf die je eigene Narration eines Textes, sondern eben auch auf seine (im weitesten Sinne) Motivversatzstücke (oder Topoi), auf die er sich bezieht. Somit *besitzt* jeder Text so etwas wie Intertextualität, also Verweisungskraft auf andere Texte, Geschichten, Topoi oder eben Mythen. Im Anschluss an einen grundlegenden semiotischen Satz „Jedes Zeichen verweist auf ein anderes Zeichen“ lässt sich konstatieren: Jeder Text verweist auch auf andere Texte (Topoi, Motive). Und diese Verweise – die sich zwangsläufig finden und heben lassen – können bewusst oder unbewusst von einem Autor in seinen Text implementiert werden.

Tolkien schuf mit dem *Silmarillion* ein neumythopoetisches Schöpfungskonzept – und der *Hobbit* und *Der Herr der Ringe* lassen sich als Teile dieser Mythologiekonzeption verstehen. Die Nähe des *Silmarillions* als Tolkiens Entwurf eines Schöpfungsmythos zur Geistesströmung der Romantik ist hier übrigens unverkennbar.[4] Sein Werk steht in einer weiteren Verbindung zum Begriff des *Mythos* und der *Mythologie.* Denn als Schöpfer der Sekundärwelt Mittelerde griff er selbst nicht nur auf vielerlei Mythen, Legenden und Sagen zurück, um daraus eine eigene und selbstständige Mythologie zu entwerfen, sondern er widmete auch seinem Heimatland England diese mythopoetische Schöpfung. Aber es sollte nicht nur eine Mythologie für, sondern vor allem auch eine Mythologie von England sein.[5]

»Lachen Sie nicht! Es gab aber eine Zeit (seither bin ich längst kleinlauter geworden), da hatte ich im Sinn, eine Sammlung von mehr oder weniger zusammenhängenden Legenden zu schaffen, die von den großen, kosmogonischen bis hin zum romantischen Märchen reichen sollten – die größeren auf den kleineren gründend, in Berührung mit der Erde, die kleineren um den Glanz des weiten Hintergrundes bereichert – ein Werk, das ich einfach England widmen könnte, meinem Lande. Es sollte den Ton und Charakter besitzen, den ich wünschte, ein wenig kühl und klar, an unsere 'Luft' erinnernd (Klima und Boden des Nordwestens, das heißt Englands und der hiesigen Teile Europas, nicht Italiens oder der Ägäis, noch weniger des Ostens), und indem es (wenn ich das zu leisten vermochte) die helle, entrückte Schönheit besitzen sollte, die manche 'keltisch' nennen (obwohl sie sich in echten altkeltischen Dingen nur selten findet), sollte es 'erhaben' sein, vom Niedrigen gereinigt und dem erwachseneren Geist eines lange in Poesie gewiegten Landes gemäß. Ich wollte manche der großen Erzählungen ganz ausführen, für viele andere dagegen nur ihren Ort im Zusammenhang bestimmen und es bei Skizzen belassen. Die Zyklen sollten zu einem majestätischen Ganzen verbunden sein und doch für andere Geister und Hände Raum lassen, die Farbe, Musik und Drama hinzutun konnten. Absurd!«[6]

Tolkiens Werk beinhaltet dergestalt mehr als man auf den ersten Blick oder beim ersten Lesen vermuten würde. Auch wenn er sich immer wieder gegen ein Übermaß an Interpretation oder Allegorie bezüglich seiner Werke verwehrt hat, so war es dennoch in seinem Sinne, die von ihm in die Texte hineingelegten Tiefenschichten, die sich von der nordisch-germanischen Mythologie über das christliche Mittelalter bis hin zu eigenen, biographischen Erlebnissen erstrecken, zu entdecken und zu ergründen:

»Aber ich habe eine herzliche Abneigung gegen Allegorie in all ihren Erscheinungen, und zwar immer schon, seit ich alt und wachsam genug war, um ihr Vorhandensein zu entdecken. Wahre oder erfundene Geschichte mit ihrer vielfältigen Anwendbarkeit auf das Denken und die Erfahrung der Leser ist mir sehr viel lieber. Ich glaube, dass viele Leute „Anwendbarkeit“ mit „Allegorie“ verwechseln; aber die eine ist der Freiheit des Lesers überlassen, die andere wird ihm von der Absicht des Verfassers aufgezwungen.«[7]

Aber Tolkiens Konzeptionalisierung *Mittelerdes* als Mythos bzw. eine Mythologie kann zu einer besonderen Lesart führen. Und es wird sich zeigen, dass diese Konzeption in gewisser Hinsicht eine allegorische Lesart unterstellt bzw. herausfordert.[8] Denn seine Texte beinhalten Tiefenschichten und intertextuelle Anspielungen, die man sich nur dadurch erschließen kann, indem man sich ihnen wie einer alten Geschichtsquelle nähert. Es geht dabei nicht darum, z. B. dem *Herrn der Ringe* eine geheime Botschaft oder Aussage zu unterstellen. Es geht vielmehr darum, die unzähligen Subtexte, bewusste oder unbewusste Hinweise des Autors auf Mythen, Legenden und andere Geschichten, an der einen oder anderen Stelle aufzuspüren und auszuweisen. Und Tolkien war ein Meister darin, *Mytheme* miteinander neu zu kombinieren, in sein eigenes Werk zu *verspinnen* und etwas ganz eigenes daraus zu weben. Mytheme sind eine begrenzte Anzahl von Grundkonzepten, aus denen die meisten Mythen bestehen bzw. diese beinhalten. Wie gesagt *verschleiert* Tolkien manche Bezüge, andere wiederum treten offener zutage. Und einzelne dieser Fäden zu finden, aus denen Tolkien seine umfangreiche Mythologie gesponnen hat, und sie zu benennen, kann die Freude der Lektüre seiner Bücher noch erhöhen.

Da dem Leser diese Bezüge nicht immer offen und unvermittelt entgegentreten, ihm also vom Autor nicht aufgezwungen werden, wird jede Wanderung in Mittelerde zu einer neuen Entdeckungsreise, sofern man sich darauf einlässt, Neues zu entdecken.[9] In diesem Sinne möchte dieses Buch dem interessierten Leser die Vielfalt von Tolkiens

Welt nahebringen und ihm dabei allerlei versteckte Andeutungen, bedeutungsvolle Unterlegungen und unterschwellige Aspekte offenbaren, die Tolkien an unterschiedlichen Stellen seines Werkes hineingelegt hat.
Zudem möge dieses Buch dazu motivieren, den *Hobbit*, den *Herrn der Ringe*, das *Silmarillion* oder andere Geschichten Tolkiens mit diesen neu gewonnenen Einsichten erneut zu lesen und möglicherweise andere verborgene Bezüge zu entdecken. Demzufolge möchte dieses Buch nicht aus Tolkiens Welt *herausführen*, sondern beabsichtigt ganz im Gegenteil Wege zu finden, die noch tiefer nach Mittelerde *hineinführen*.

~ Tolkiens Welt ~

»In einem Loch im Boden, da lebte ein Hobbit.« Mit diesen oft zitierten Worten Tolkiens beginnt nicht nur für den Leser eine Wanderung in die Welt von Mittelerde und des Auenlandes, sondern auch für J. R. R. Tolkien waren es immer erst ein Name oder ein Wort, die eine neue Welt entstehen ließen, welche es dann zu erforschen galt. So spann er Faden um Faden, ging Schritt für Schritt und entdeckte so ein neues Universum. In dieser Welt begegnet man fremden Rassen und unbekannten Völkern mit unverwechselbaren Charakterzügen. Glaubt man zunächst eine fiktive Welt vorzufinden, wird man im weiteren Verlauf der Geschichten von der Komplexität und Detailgenauigkeit der Schilderungen überrascht. Die verschiedenen Völker besitzen ihre eigene Sprache mit unbekannten Schriftzeichen, Bräuche, eigene Genealogien, Zeitrechnungen, Kalender und eine eigene Sicht auf ihre Geschichte. Die Akribie, die Tolkien bei der Ausarbeitung all dieser Aspekte walten ließ, die Beschreibungen mit denen er beispielsweise geographische Begebenheiten schildert oder die fremdartigen Sprachen, die er sich für die Elben oder die Zwerge ausdachte, lassen manchmal daran zweifeln, ob es sich hier tatsächlich um eine fiktive, erdachte Realität handelt. Selbst ein umfassender Schöpfungsmythos findet sich im *Silmarillion*, der den Anfang von Mittelerde verdeutlicht und die Entstehung der verschiedenen Götter und Rassen beschreibt. Ilúvatar, der Eine, erschuf aus seinen Gedanken zunächst die Ainur und lehrte sie eine großartige Melodie. Und sie spielten harmonisch und im Gleichklang eine wundervolle Musik.[10]

Tolkiens Kosmogonie mit ihrer Bewunderung für die Musik und die in ihr befindliche Harmonie erinnert an die Worte des Bischofs und Kirchenlehrers Isidor von Sevilla (um 560-636), der die Bedeutung und Stellung der Musik im mittelalterlichen Weltbild veranschaulicht: »Ohne Musik kann keine Wissenschaft vollkommen sein. Es wird behauptet, dass selbst die Welt aus einer Harmonie von Tönen zusammengefügt ist und auch der Himmel sich im Klang der Harmonie dreht. Die Musik bewegt das Gemüt und erregt den Sinn auf verschiedene Weise.«[11] Musik und Schöpfung erscheinen auf das Engste verbunden und tatsächlich findet sich in allen Hochkulturen der Mythos vom göttlichen Ursprung der Musik.

Nun war sich gerade Tolkien als genauer Kenner mittelalterlicher Weltanschauung der Stellung der Musik in dieser Weltsicht sehr wohl bewusst – und Musik in Mittelerde findet sich selbst reichlich und spielt eine grundlegende Rolle. So ist zu konstatieren: »Musik spielt eine wichtige Rolle in Tolkiens Mythologie, und seine Erzählungen enthalten viele Lieder sowie Erwähnungen von Musizierenden und Instrumenten. Obwohl viele Melodien zu seinen Gedichten komponiert, gesungen, gespielt und aufgenommen wurden, hat die Sekundärliteratur über Mittelerde das Thema Musik bisher kaum behandelt.«[12]Auch wenn an dieser Stelle nicht grundlegend auf die Musik in Mittelerde eingegangen werden soll, mag zumindest ein kurzer Blick auf einen Aspekt der Musikgeschichte gelegt werden, der später in einem anderen Zusammenhang von Bedeutung sein wird.

Für die abendländische Musikgeschichte war das Mittelalter insofern von wesentlicher Bedeutung, als dass es mit der Schöpfung der Mehrstimmigkeit die Sonderstellung der europäisch christlichen Musiktradition gegenüber anderen

Kulturkreisen begründete. Der Begriff der Harmonie, eine aus der griechischen Antike übernommene Bezeichnung, in der die Unterschiede oder Gegensätze der Teile eines Ganzen in einer übergeordneten Gesetzmäßigkeit in Einklang, in *Harmonie* gebracht werden, stand hier kennzeichnend im Mittelpunkt wie gleichermaßen in Tolkiens Schöpfungsmythos. Bezogen wurde diese Harmonie in der Musik auf die in musikalisch mathematischen Zahlenordnungen verstandene Gesetzmäßigkeit der Weltschöpfung. Die Zahlenverhältnisse in der Musik wurden als Abbild der Proportionen des Kosmos verstanden und in ihrer Wirkung auf den Zustand des Menschen und des Staates erörtert. Diese sogenannte Sphärenharmonie wurde als Idee von der mittelalterlichen Musikanschauung übernommen. Solcherlei Sphärenharmonie war im mittelalterlichen Musiksystem dann auch der zentrale Bereich der musica mundana, d. h. der Vorstellung von einer Entsprechung von Welt- und Tonsystem und folglich der Harmonie des Makrokosmos.

Und auch einen christlichen Sündenfall, die Störung der himmlischen Harmonie, verarbeitet Tolkien in seinem Schöpfungsmythos, indem Melkor, der Mächtigste unter den Ainur, sich gegen den Willen des Schöpfungsgottes Ilúvater auflehnt und so zu einem gefallenen Engel wird, der Dunkelheit und Schrecken verbreitet. An diesem Beispiel deutet sich schon an, wie wir an anderer Stelle ebenfalls sehen werden, dass Tolkien in seinem Werk gegebene historische oder mythische Motive aufgenommen und in einen neuen, seinen eigenen Zusammenhang gebracht und verarbeitet hat. Dergestalt besitzt Mittelerde nun ihre eigene Geschichte, geschrieben von den unterschiedlichen Rassen und Völkern, die sie bevölkern und ihre je eigene Kultur haben. Solcherart ist Tolkiens Mittelerde »nicht nur ein partieller, sondern ein umfassender alternativer Weltentwurf«[13], der in der Geschichte der Literatur bis dahin seinesgleichen sucht, und man kann mit Recht den Begriff der »zweiten Realität« verwenden, um diese Welt zu charakterisieren. Allerdings handelt es sich bei dieser zweiten Realität nicht um ein spiegelhaftes Abbild der uns bekannten Wirklichkeit. Allein die in ihr vorkommenden Wesen verweisen auf die Andersartigkeit dieser Welt. Und trotz aller Komplexität der von Tolkien dargestellten Welt bleiben zwangsläufig und bewusst verschiedene Ebenen des ‚zwischenmenschlichen' Miteinanders der unterschiedlichen Wesen unvollständig und ausgespart. Beispielsweise erfährt der Leser mit Ausnahme von den Hobbits nur so viel über politische Organisationen, Sozialstrukturen oder Lebensweisen, Liebesbeziehungen, Konflikte, Familienleben etc. der auftretenden Kreaturen, wie es für das Verständnis und das vom Autor verfolgte Leseerlebnis nötig ist. Insofern liegt es in der Natur der Sache, dass das Schreiben über eine Welt oder einen Kosmos von Komplexitätsreduktion begleitet ist. Die »Begrenztheit der Weltdarstellung als Mängel zu rügen, hieße, das Werk mit falschen Maßstäben zu messen, nämlich nach Kriterien, die aus der realistischen Literatur abgeleitet sind. Es ist ein Kennzeichen der nicht-realistischen Gattungen, dass sie an dergleichen Details nicht interessiert sind. [...] der Reiz dieser Art von Literatur liegt [...] gerade in der Freiheit, welche der Phantasie durch den Verzicht auf realistische Details gewährt wird.«[14]

Es geht Tolkien gerade nicht darum, die gebräuchliche Welt möglichst genau wiederzugeben, sondern im Gegenteil, eine Alternativwelt zu unserer herkömmlichen Welt zu entwerfen, die aber dennoch einen Anspruch auf die Möglichkeit ihrer Existenz beansprucht. Dieser Anspruch bezieht sich zwar nicht zwingend auf ihre materielle Erscheinung, wohl aber auf die Relation und das Verhalten der Wesen untereinander. Tolkien entwirft und bringt eine eigene Weltsicht und Weltdeutung hervor. Allerdings tritt diese Sicht dem Leser nicht wirklich offen und unvermittelt gegenüber, sondern liegt vielmehr unter der Oberfläche. Gerade hierin liegt mitunter für viele Leser die Begeisterung für Tolkiens Werk begründet. Man kann es zunächst aus reinem Vergnügen an seiner phantasievollen Welt lesen und in sein Universum eintauchen, sich als Beteiligter oder Eingeweihter fühlen, ohne allerdings das Gefühl zu haben, von einem fordernden Visionär gelenkt zu werden. Tolkien ist kein Prediger, der einfache Antworten für die immerwährenden Fragen der Menschen nach dem Bösen in der Welt, dem Tod, nach Freundschaft oder Treue hat. Vielmehr stellt er die Komplexität dieser Grundfragen in den Mittelpunkt und zeigt die Fragilität von menschlichen Werturteilen.

Je tiefer man nun in die Geschichte Mittelerdes eintaucht und sich mit ihr auseinandersetzt, desto mehr entdeckt man selbst Neues und kann auf Aha-Erlebnisse stoßen, sei es in Tolkiens neuer Verknüpfung mittelalterlich-christlicher Traditionen mit der nordisch-heidnischen Mythologie, der sprachwissenschaftlichen Ausarbeitung erfundener Sprachen, der literaturwissenschaftlichen Kombination unterschiedlicher Stilelemente, in der Verarbeitung theologischer bzw. religionsgeschichtlicher Fragen oder eben auch in der Kritik an der gegenwärtigen Realität und seiner Fiktion einer idealen Welt, d. h. also eine gesellschaftspolitische Dimension seines Werkes. All diese Betrachtungsmöglichkeiten verdeutlichen die Mannigfaltigkeit von Tolkiens Werk und verweisen auf die Möglichkeiten, sich damit zu beschäftigen. Vor allen Dingen bleibt für die Auseinandersetzung mit Tolkiens Kosmos und seinen Ideen genug Raum für die eigenen schöpferischen Überlegungen des Lesers; und so ist gerade aus diesem Grund die Bewertung seines Werkes nicht nur einem akademischen Fachpublikum vorbehalten, wobei umgekehrt allerdings auch vor einem Zuviel an Aussagekraft und Losung in einem aufklärerischen und symbolischen Sinne gewarnt werden muss.[15]

Aber Tolkiens Einfluss beschränkt sich nicht nur auf literarische oder gesellschaftspolitische Aspekte. Inzwischen wurden ganze Generationen von Künstlern überall auf der Welt von Tolkiens Ideenwelt auf unterschiedliche Art und Weise beeinflusst. Man denke beispielsweise an die wunderschönen Bilder von Ted Nasmith, John Howe, Alan Lee, Michael Hague, Anke Eissmann oder Roger Garland, um nur einige wenige zu nennen. Roger Garland spricht sicherlich für viele, wenn er sagt: »I first read *The Hobbit* and *Lord of the Rings* as an art student in the late Sixties. At that time one could not escape its popularity and influence on a whole generation.«[16] Nicht zu vergessen ist, dass Tolkien selbst das Zeichnen und Malen liebte und sie als weiteres Ausdrucksmittel neben seiner Dichtung für seine Vorstellungen und Fiktionen verstand, obwohl er sich durchaus nicht als ein professioneller Künstler sah. Er malte unzählige Bilder, Zeichnungen und Gemälde, die natürlich vor allem an seine schriftstellerischen Werke angelehnt waren, d. h., sie dienten als Illustrationen verschiedener Episoden, beispielsweise aus dem *Herrn der Ringe*, dem *Hobbit* oder dem *Silmarillion*. Auf jeden Fall hatte er Freude an dieser Tätigkeit, und sie war ein unverzichtbarer Bestandteil seines Lebens. Denn sein Zeichnen und sein Schreiben stehen in einem engen Zusammenhang, da sie sich wechselseitig beeinflussten. Seine Bilder oder Karten brachten ihn auf unterschiedliche

Ideen und phantasievolle Vorstellungen, die er literarisch verarbeitete, und umgekehrt inspirierte ihn das Schreiben bei der Kreation seiner Bilder und Illustrationen. So wirkte das eine auf das jeweils andere und verstärkte es in der Wirkung. Außerdem fungiert beispielsweise Thrórs Karte in *Der Hobbit* nicht als Landkarte für den Leser, sondern vielmehr dazu, seiner Dichtung den Anschein von Echtheit zu verleihen, so dass man als Leser den Eindruck gewinnt, ein altes Schriftstück zu sehen, dass dem Erzähler als Vorgabe oder Hilfe gedient hat, seine Geschichte zu erzählen. In den späteren Ausgaben von *Der Hobbit* fügte Tolkien einige Andeutungen hinzu, die bekräftigten, dass es Bilbos Abschrift von Thrórs Karte war, die der Erzähler besaß.[17]
Nun wurden aber nicht nur Künstler von Tolkiens phantastischem Kosmos inspiriert, sondern auch Musiker verschiedenster Richtungen verarbeiteten die unterschiedlichen Motive oder auch ganze Episoden auf ihre je eigene Weise, wie zum Beispiel Blind Guardians *Nightfall in Middle-Earth* oder Bo Hanson mit der CD *Lord of the Rings*. Tolkiens Einfluss auf das Fantasy-Genre muss sicherlich kaum noch erwähnt werden, ebenso wenig wie die mittlerweile unzähligen Erzeugnisse einer ganzen Tolkienindustrie, die von Schreibblöcken, Kalendern, Figuren, Brett- und Kartenspielen, aber auch Filmen oder einem Musical alles zu bieten hat. Allerdings mag der Umstand, dass Tolkien die Phantasie und das Kreative in den Mittelpunkt seiner Arbeiten gestellt hat ebenfalls dazu geführt haben, dass sein Werk und mitunter auch seine Leser vonseiten der Literaturkritik bis heute immer noch ein wenig belächelt werden und diese Literaturkritik ihm »selbst den bescheidensten Platz in der „englischen Literatur“ verweigern möchte«.[18]

Tolkien unterstreicht nun die ‚Echtheit' seiner Erzählung, indem er besonders die Darstellung der Geschichte in *Der Herr der Ringe* an das mittelalterliche Stilmittel der Geschichtsschreibung anlehnt. In Form einer Chronik, die sich an volkstümliche, mündliche Überlieferungen und Erlebnisberichte anlehnt und auf vermeintlich reale und alte Quellen zurückgreift, tritt der Erzähler hier als Chronist auf, der unmittelbar am geschilderten Geschehen beteiligt war. Tolkien hingegen tritt ebenso als Chronist und Übersetzer auf, der aus einer alten Schrift, nämlich aus dem Roten Buch der Westmark, diese Geschichten in neuer Form überträgt. Tatsächlich sind die Schriftquellen aus der Antike und dem Mittelalter fast durchgängig nicht im Original des Autors erhalten, sondern vielmehr in unterschiedlich voneinander abweichenden Abschriften oder Auszügen. Es zeigt sich demnach, dass das Bild des Chronisten und Gelehrten von Tolkien in das Geschehen Mittelerdes hineingetragen wird. Denn Gandalf ähnelt einem Gelehrten, welcher, wie Tolkien selbst, in den Bann alter Bücher und Chroniken gezogen wird. Tolkien ist als Philologe in seinem Element, und das wiedergefundene »Buch von Marzabul« in Moria gibt ihm erneut die Möglichkeit, seine Niederschrift zu bezeugen und den Anspruch zu untermauern, er habe bei seinen Aufzeichnungen aus alten Chroniken und Schriften geschöpft.
Das hohe Ansehen, das die mittelalterlichen Schreiber besaßen, steht in Verbindung mit der Bedeutung des Buches für das Christentum. Das Christentum versteht sich als eine Religion des Buches, da nach seiner Lehre die Bibel das Wort und den Willen Gottes offenbart. Schon in der Antike wurde Christus mit einer Buchrolle dargestellt. Gerade im Alten Testament finden sich einige Beispiele für den Zusammenhang zwischen Schrift und Religion. Die steinernen Geset-

zestafeln, die mit dem Finger Gottes geschrieben wurden, aber auch die Metaphern vom Buch des Lebens oder des Buches mit sieben Siegeln verdeutlichen beispielsweise diesen Aspekt. Man erinnere sich auch an Hiob, der das Bewusstsein seiner Unschuld in einem Buch niedergeschrieben haben wollte. Hier tritt obendrein der Gedanke hervor, dass Geschriebenes für die Ewigkeit festgehalten wird.

Das Mittelalter ist nun zutiefst christlich geprägt, woraus sich die weitreichende Bedeutung des Buches, d. h. vor allem der Bibel als Buch der Bücher, für diesen Zeitraum erklärt. Allerdings findet sich dieser sakrale Charakter des Buches auch schon im Judentum oder im alten Ägypten und später auch im Islam, der sich als eine Buchreligion versteht, im Gegensatz beispielsweise zu den alten Griechen, denen diese Heiligkeit des Buches nicht geläufig war. Daher sind und waren die Priester und Mönche von jeher – wie auch noch lange Zeit während des Mittelalters – die Hüter des Buches und des Schriftwesens, die es zur Verbreitung und Überlieferung ihrer religiösen Ideen benutzten. Die Verbindung von Religion und Buch lebt im christlichen Mittelalter weiter.[19]

Das Buch selbst hatte sakrale Bedeutung, weshalb einerseits die Schreibtätigkeit großes Ansehen besaß, andererseits die mittelalterlichen Schreiber verpflichtet waren, wortgetreue und genaue Abschriften der Vorlagen anzufertigen. Aus diesem Gebot heraus versteht sich auch der Umstand, dass es verpönt war, zumindest im frühen Mittelalter, eigene Texte zu erfinden oder zu kreieren. Auch im Hochmittelalter spielte das Verhältnis des Menschen zu Gott noch eine zentrale Rolle, so dass der maßgebliche Teil der Literatur von Bibelübersetzungen, moraltheologischen Schriften oder auch liturgischen Texten bestimmt war. Aber zugleich ging es auch in Texten, die nicht der theologischen Unterweisung dienten, immer noch um die christliche Bewertung der Welt, um die Aufgaben eines Christenmenschen und um die Art und Weise, wie man ein Gott gefälliges Leben führen kann. Bis zum Ende des 12. Jahrhunderts waren es Mönche und Geistliche, die die Träger der Literatur waren, danach traten mehr und mehr auch Laien als Verfasser in Erscheinung. Das anwachsende Publikum der Schriftsteller begünstigte ebenfalls diese Entwicklung, weiterhin führte dies zur fortschreitenden Verwendung der jeweiligen Landessprache. Die Leser fanden sich in den aristokratischen Kreisen, aber auch im Bürgertum und überdies im Volk. Im Übrigen war das 13. Jahrhundert auch die große Zeit der skandinavischen Sagen, wobei sich hier vor allem Island auszeichnete. Snorri Sturluson (1179-1241) vereinigte in seiner *Heimskringla* eine Sammlung norwegischer Heldenbiographien. Sturla Thórdarson (1214-1284), sein Neffe, schrieb die *Islendinga Saga*, und am Ende des Jahrhunderts war die *Njáls Saga* das große Meisterwerk dieser Gattung. Die gewaltige *Karlmagnûs Saga* der ersten Jahrhunderthälfte zeigte, dass die Mode des geschichtlichen Ritterromans über die ganze Christenheit verbreitet war.

Wichtig für unseren Kontext ist dies insofern, da Tolkien als Philologe und Freund alter Mythen und Erzählungen aus dieser und anderer Zeit beeinflusst war und verschiedentliche Motive und Gefüge in einen neuen Zusammenhang gebracht hat. Seine Geschichten sind neu, d. h., sie sind nicht unmittelbar von anderen Sagen und Mythen abgeleitet, dennoch enthalten sie zwangsläufig ein großes Maß an altertümlichen, weitverbreiteten Elementen und Motiven; obgleich die Kenntnis seiner Quellen keine Voraussetzung für das Verständnis von Mittelerde und den dortigen Geschehnissen und Abenteuern ist, können sie das Lesevergnügen des interessierten Lesers außerordentlich erhöhen. Weiterhin stand nun mit dem Schreiben das Diktieren in einem engen Zusammenhang. Man bedenke, dass im mittelalterlichen Weltbild Gott den Evangelisten die Evangelien diktierte, die diese dann niederschrieben.

Hieraus speiste sich gleichfalls das hohe Ansehen des Schreibers, aber auch die Pflicht, wortgetreue Abschriften vorzulegen. Aus diesem Grund erhob dann im fortschreitenden Mittelalter in der Regel nahezu jedes schriftliche Dokument den Anspruch auf Echtheit bzw. Wahrheit, obwohl das Ausmaß an Fälschungen oder Erfindungen in dieser Zeit gleichwohl sehr groß war. Der Erzähler betonte, nur ein Glied in einer Kette der Überlieferungstradition zu sein, wie dies auch im *Herrn der Ringe* der Fall ist. Zur Unterstützung dieser Behauptung wurde beispielsweise auf schriftliche Quellen verwiesen, die sich entweder selbst als Tatsachenberichte ausgaben oder zumindest von Geschehnissen der Vorzeitgeschichte erzählten, die einen festen Platz in der historischen Überlieferung des Mittelalters einnahmen. Aber auch das Verweisen auf vermeintliche Zeugen, die man kenne oder die eigene Teilnahme an solchen Geschehnissen galten als Authentizitätsbeweis. Der Historiograph hatte folglich die Pflicht, nicht nur bei der Wahrheit zu bleiben, sondern auch dem Leser oder dem Zuhörer Beweise hierfür an die Hand zu geben. Zudem fehlte in der Regel der Name des Autors, weil für das dichterische Unternehmen als solches die Person des Produzenten gleichgültig war. Der Verfasser galt nicht als „Autor", Urheber im eigentlichen Sinne, gerade in Bezug zu Heldendichtungen, sondern vielmehr als Vermittler, der eine gültige und wahre Wiedergabe der tatsächlichen Ereignisse gab. Und bei geistlichen Verfassern trat der Autor ohnehin hinter dem eigentlichen Schreibzweck zurück. Man schrieb *ad maiorem dei gloriam*, zum höheren Ruhme Gottes, und als solches nahm man eine mehr dienende Haltung ein. Dies mag auch die Dürftigkeit biographischer Informationen über mittelalterliche Autoren erklären. Weiterhin herrschte damals im Gegensatz zu heute eine engere und unbefangenere Beziehung zwischen dem Dichter bzw. Erzähler und seinem Publikum, da sich die Vermittlung vorwiegend akustisch vollzog – gerade bei weltlichen Themen wie etwa dem Heldenepos –, d. h. gesprochen bzw. vorgelesen wurde. Weitere Gründe für ein Vorlesen lagen obendrein in unterschiedlichen Umständen, z. B. weil das Publikum nicht lesen konnte, weil das Buch zu kostbar war oder weil Literatur als eine gesellige Beschäftigung verstanden wurde.

Das Erzählen von Geschichten und Balladen, welche am abendlichen Feuer vorgetragen wurden, stellte die gängige Form der Unterhaltung dar. Insofern hebt die mündliche Überlieferung auch das mittelalterliche Bild hervor, das Tolkien von seiner Welt zeichnet. Auf die Bedeutung des gesprochenen Wortes im Werke Tolkiens wird im Folgenden einzugehen sein. Gerade *Der Herr der Ringe* wird nun von einer Vielzahl von Lesern und Leserinnen häufig bei der erneuten Lektüre auch und gerade durch das Vorlesen im kleinen Kreis gehört bzw. gelesen, da man nach dem ersten Lesen das Gefühl hat, dieses Erlebnis mit anderen Eingeweihten und Interessierten teilen zu wollen. In diesem Sinne folgen sie anschaulich einer alten mittelalterlichen Tradition.

An dieser Stelle ist zudem anzumerken, dass – wenn man so will – Tolkiens Mittelalterrezeption keine reine mittelalterliche Sichtweise zeigt, sondern eine auf der Basis der romantischen und neoromantischen Geistesströmung. Tolkien rezipiert das Mittelalter aus einer – im Sinne der Geisteshaltung – stark romantischen Sichtweise. Dass man Tolkien als Anhänger der Romantik bezeichnen kann und bei ihm eine romantische Haltung aufzeigbar ist, habe ich an anderer Stelle verdeutlicht und soll hier nicht weiter ausgebreitet werden.[20] Weiterhin zeigt sich im Zusammenhang zu Tolkiens Bezugspunkten auch ein deutlicher Einfluss der germanischen und keltischen Mythologien, die für Tolkien eine schier unerschöpfliche Quelle der Inspiration waren und aus der er in vielerlei Hinsicht schöpfte.

~ Das Wort, die Zauberer und die Druiden ~

Tolkien, Professor für angelsächsische und altnordische Sprache, war u. a. ein Verehrer der nordisch-germanischen und keltischen Mythologie und Geschichte, und man findet hierfür unzählige Beispiele in seinen Schriften. Gerade die mündliche Überlieferung, das gesprochene Wort, ist ein besonderes Kennzeichen der keltischen Zivilisation, wobei natürlich schon in der Bibel die Bedeutung des Wortes ihren Ausdruck findet: »Im Anfang war das Wort, und das Wort war bei Gott, und Gott war das Wort« (Das Evangelium nach Johannes 1,1). Besonders die Druiden, Hüter der Tradition und des alten Wissens bei den Kelten, unterließen es, ihre Lehre schriftlich festzuhalten, da es ihnen aus religiösen Gründen nicht erlaubt war. Sie waren zwar des Schreibens mächtig und benutzten in Staats- und Privatgeschäften die griechische Schrift oder in Irland die Oghamschrift, aber epische Erzählungen durften nicht schriftlich festgehalten werden, da sie ihre Lehre überlieferten, die aber nur den Eingeweihten bekannt war und nur an diese weitergegeben werden durfte. So spielte die Schrift im Druidentum zwar eine bedeutende Rolle, dennoch war das gesprochene Wort ein wesentlicher Bestandteil der Überlieferung, vor allem wenn es um Zaubersprüche oder Beschwörungsformeln ging. Auch in unterschiedlichen Episoden des *Herrn der Ringe* finden wir solch einen gesprochenen Zauber wieder, z. B. als Gandalf versucht, die geheime Pforte Morias zu öffnen. Auch sollte der Name des dunklen Herrschers nicht offen ausgesprochen werden, um so nicht seine Aufmerksamkeit zu erregen. »Die Weisen von Mittelerde kannten zauberkräftige Verse, die ihnen unvergesslich eingeprägt waren; ein Handbuch hatten und brauchten sie nicht. Immerhin verschmähten auch sie die Schrift nicht, und manche von ihnen stöberten gelegentlich in den Archiven von Bruchtal und Minas Tirith.«[21]

Insbesondere die sprachliche Beschwörung und Beeinflussung Schlangenzunges – der Spitzname Grimas, Gálmóds Sohn (‚Grima' altenglisch für ‚Maske') –, der dem König Théoden mit seiner schmeichelnden und betörenden Stimme Krankheiten einredete, um ihn an den Thron zu binden und von der Außenwelt fernzuhalten, um hierdurch selbst die Staatsgeschäfte übernehmen zu können, verdeutlichen die Macht des gesprochenen Wortes. Noch besser als Grima-Schlangenzunge war natürlich Saruman, sein Meister und der Erste der Zauberer von Gandalfs Orden, mit dieser Macht des Wortes vertraut. Das zehnte Kapitel des Dritten Buches trägt den Titel *Sarumans Stimme* und unterstreicht eindrucksvoll die Macht der Stimme und des Wortes: »Für viele war allein der Klang der Stimme ausreichend, sie im Banne zu halten; aber bei denjenigen, die von ihr bezwungen worden waren, hielt der Zauber an, auch wenn sie weit fort waren, und immer hörten sie diese sanfte Stimme flüstern und sie anspornen.«[22] Das Wort besitzt eine magische Kraft, es wird zum Machtwort. Der magische, zauberkundige Mensch gewinnt durch seine Beschwörungskraft – auch durch die performative Aufladung des Gesprochenen durch den Klang der Stimme, Gestik, Mimik und dem gesamten Körperausdruck – Gewalt über die Wirklichkeit, wobei es nicht nur die Kraft der Zerstörung in sich trägt, sondern auch eine Schöpfermacht beinhaltet. Denn im mythischen Denken ist der Name eines Wesens oder einer Sache ununterscheidbar zu dem benannten Wesen oder der benannten Sache; das Bezeichnende und das Bezeichnete sind identisch. So ist in dieser Sicht das Ich eines Menschen unauflösbar mit seinem Namen, mit seiner Bezeichnung verbunden. Aus diesem Grund muss der eigene Name geschützt und gehütet werden, denn der Name ist ein wesentlicher Bestandteil des Menschen, beinahe körpergleich. Spricht man den *wahren* Namen einer Person oder einer Sache aus, kann man – so der Glaube im mythischen Denken – Macht über sie oder es erlangen. Man denke in diesem Zusammenhang an das Rumpelstilzchen-Märchen und den Spruch »Ach wie gut, dass niemand weiß, dass ich Rumpelstilzchen heiß.« Und es ging bei dem *wahren* Namen in der Regel um den Vornamen, die Nachnamen entwickelten sich erst später. Dieser Umstand wird in einem späteren Kapitel von wichtiger Bedeutung sein. Tolkien wusste übrigens nicht nur fachlich von diesem Umstand – was nicht überraschen sollte –, sondern legte auch privat Wert auf diesen Aspekt, wie er in einem Brief an Rayner Unwin einmal betonte.

»Ich gehöre einer Generation an, in der man die Vornamen außerhalb der Familie nicht gebrauchte, sondern sie geheimhielt, wie bei den Zwergen, und selbst für enge Freunde die Nachnamen (oder deren Verdrehung), Spitznamen oder (gelegentlich) Vornamen gebrauchte, die ihnen nicht eigneten. Sogar C. S. Lewis redete mich nie mit einem Vornamen an (noch ich ihn).«[23]

Den Umstand, dass Worte Macht und Zauber besitzen können, hat übrigens auch Sigmund Freud für seine Psychoanalyse gewürdigt, indem er betont:

»Worte waren ursprünglich Zauber, und das Wort hat noch heute viel von seiner alten Zauberkraft bewahrt. Durch Worte kann ein Mensch den anderen selig machen oder zur Verzweiflung treiben, durch Worte überträgt der Lehrer sein Wissen auf die Schüler, durch Worte reißt der Redner die Versammlung der Zuhörer mit sich fort und bestimmt ihre Urteile und Entscheidungen. Worte rufen Affekte hervor und sind das allgemeine Mittel zur Beeinflussung der Menschen untereinander. Wir werden also die Verwendung der Worte in der Psychotherapie nicht geringschätzen.«[24]

Tolkien merkt nunmehr im *Herrn der Ringe* an, dass ihm als Quelle für die Veröffentlichung das *Rote Buch der Westmark* zur Verfügung stand. Eigentlich war es Bilbos privates Tagebuch, das er Frodo mit weiteren drei Bänden, welche er zwischen 1403 und 1418 Auenlandkalender niederschrieb und hierfür die in Bruchtal zur Verfügung stehenden geschriebenen und gesprochenen Quellen nutzte, als Abschiedsgeschenk gab. Frodo erweiterte später diese Ausgabe um einen fünften Band. Das *Rote Buch der Westmark* war nun ein in rotes Leder gebundenes Buch mit Bilbos Bericht über seine Reise zum Erebor und Frodos Erzählung vom Ringkrieg und seiner Reise zum Schicksalsberg, zudem ergänzt von anderen am Geschehen Beteiligten. Die drei Bände, die Bilbo angefügt hatte, beinhalteten seine Übersetzungen aus dem Elbischen von alten Sagen und Erzählungen aus dem Ersten Zeitalter. Tolkiens Quelle »war die Abschrift einer Abschrift, angefertigt im Jahr 172 des Vierten Zeitalters von dem Hofschreiber Findegil in Minas Tirith, mit vielen Anmerkungen und Berichtigungen der Gelehrten von Gondor. Findegils Vorlage war das *Buch des Thains*, d.h. die

Abschrift des Roten Buches, die Peregrin Tuk mitgebracht hatte, als er im Jahr 64 nach Gondor kam.«[25]

Tolkiens Buchtitelbezeichnung *Rotes Buch der Westmark* (im englischen Original *Red Book of Westmarch*) unterstreicht den mittelalterlich-mythologischen Charakter des Buches aus einem besonderen Grund. Tolkien war ein großer Freund der finnischen und der walisischen Sprache. Schon während seiner Schulzeit erfand er eine Sprache, die sehr stark vom Finnischen beeinflusst war und die zukünftig eine der Sprachen der Elben werden sollte. Später gestaltete er eine weitere Elbensprache, für die er sich die Lautlehre des Walisischen zum Vorbild nahm. Sein Interesse an walisischer Sprache verfolgte er, indem er alte Bücher mit walisischen Texten des Mittelalters organisierte und intensiv studierte. Nun ist die wertvollste Manuskriptsammlung alter walisischer Dichtung in einem Werk enthalten, die sein erster Herausgeber mit dem Titel »Four Books of Wales« versah. Die Titel dieser Bücher erinnern an legenden- und märchenhafte Vorzeiten: The Red Book of Hergest, The Black Book of Carmarthen, The Book of Taliesin und The Book of Aneirin.

The Book of Aneirin und The Black Book of Carmarthen wurden wahrscheinlich um das Jahr 1250 zusammengestellt, The Book of Taliesin vermutlich um 1275 und The Red Book of Hergest schlussendlich im letzten Viertel des 14. und ersten Viertel des 15. Jahrhunderts geschrieben. Alle vier Bücher enthalten eine aufwendige und prächtige Sammlung walisischer Verse, von denen viele wesentlich älteren Ursprungs sind als die Bücher, in denen sie enthalten sind. Die Verse sind in altertümlicher Sprache verfasst, so dass es vorkam, dass die mittelalterlichen Schreiber mitunter Fehler bei der Übertragung ins Englische machten. Die

Bücher beinhalten eine Vielzahl von Anspielungen auf historische Ereignisse und mythische Überlieferungen aus längst vergangener Vorzeit. Philologen und Paläographen haben entdeckt, dass der Kern der Gedichte und Verse in den Büchern von Taliesin und Aneirin bereits im sechsten Jahrhundert n. Chr. verfasst wurde und somit kurz nach der Entstehung des Walisischen, das aus Sprachveränderungen in Britannien während der römischen Besatzung hervorgegangen war. Somit stellt dieses Versgut die älteste europäische Literatur außerhalb des Lateinischen und des Griechischen dar. Unabhängig von den vollständigen Gedichten, die man heute als authentische Fassungen aus der Feder der Dichter Taliesin und Aneirin im sechsten Jahrhundert ansieht, beinhaltet auch die Mehrzahl der späteren Gedichte eine Fülle aus alter Zeit stammender Anspielungen und in sich geschlossener Bestandteile archaischer Dichtung. Der geschichtliche Fundus, der sich unter anderem in den Four Ancient Books of Wales darstellt, ist eine Quelle für historische und mythologische Schöpferkraft.[26]

Obwohl aus biographischen Quellen nicht eindeutig belegt, kann man sicherlich davon ausgehen, dass Tolkien als Professor für Philologie diese Bücher gekannt und dieses Wissen zumindest bei der Namengebung des *Red Book of Westmarch* seinen Niederschlag gefunden hat. Tolkien betonte einmal: »Das Walisische hat mich immer mehr als alle anderen Sprachen angezogen.«[27] Er hat viele sprachliche Komponenten neben dem Finnischen aus dem Walisischen in seine eigene Elbensprache übernommen, vor allen Dingen den Singsang und die weichen *ls*, die von der Zunge rollen. Gerade in *Der Herr der Ringe* tritt die Klangfarbe und Harmonie des Walisischen in den Namen der Berge und Landschaften hervor.

Zwei Druiden, Druck, 1845.

Außerdem scheint auch in anderer Hinsicht ein Einfluss des bretonischen Sagenkreises vorhanden gewesen zu sein, obgleich Tolkien immer betonte, dass ein offensichtlicher Einfluss gerade der Artussage kaum eine Rolle bei seiner Gesamtkonzeption gespielt habe, da in ihr zu augenscheinlich die christliche Religion hervortrete.[28]

Nun findet sich in den Büchern The Black Book of Carmarthen, The Red Book of Hergest und auch im The White Book of Rhydderch eine Fülle von Gedichten, die Myrddin verfasste, ein heidnischer Druide, Prophet und Barde, der als eine Quelle und ein Wesenskern der Merlin-Überlieferung anzusehen ist. Tatsächlich trägt Merlin, wie ihn heutzutage Millionen von Menschen überall auf der Welt kennen, einen anderen Namen. »Der Philologe Tolkien kannte die Mythen der Kelten und Germanen wie nur wenige, und es steht außer Frage, dass der Zauberer Gandalf in *The Hobbit*, 1937, und auch in der späteren Trilogie *Der Herr der Ringe* der frühen Merlinepik entnommen ist.«[29] Aber diese ‚Verwandtschaft' bezieht sich nicht nur auf die äußere Erscheinungsform beider Figuren, sondern auch auf andere, grundlegendere Bereiche.

Gandalf und Merlin zeigen einige gemeinsame Wesensmerkmale. Beide erscheinen als Zauberer bzw. Druiden außergewöhnlich weise und mächtig. Gandalf hat wie Merlin einen Sinn für Humor, der bisweilen auch in Sarkasmus und energisches Auftreten umschlagen kann, wie zum Beispiel bei seinem Treffen mit Bilbo nach seiner Geburtstagsfeier deutlich wird, als sich Bilbo weigert, den Einen Ring für Frodo zurückzulassen. Erst als Gandalf für einen Augenblick erzürnt und scheinbar größer und grimmiger wird, lässt Bilbo anschließend den Ring für Frodo zurück. Gandalf und Merlin treten zudem manches Mal wie aus dem Nichts hervor, um dann in den Lauf der Dinge einzugreifen und die von Gefahren bedrohte Welt zu retten.

Aber auch weniger wichtige Eigenschaften sind offensichtlich übernommen, wie beispielsweise Merlins Neigung, sich als Bettler zu verkleiden, die Fähigkeit, die Zukunft zu erahnen oder zu prophezeien und seine Fähigkeit, einen spektakulären Feuerzauber zu veranstalten. Man erinnere sich nur daran, wie Gandalf die Hobbits in den Nebelbergen mit verzauberten Feuerkugeln vor den Wölfen rettete oder an das Feuerwerk, welches er am 22. September Auenland-Zeitrechnung anlässlich des einhundertelften Geburtstages Bilbos und des dreiunddreißigsten Geburtstages Frodos inszenierte, wobei hier nicht unbedingt zwingend von Magie oder Zauberei gesprochen werden muss, da es sich ja um ein – wenn auch ausgeklügeltes – Feuerwerk handelte. Auch Merlin war in der Lage einen solchen Feuerzauber zu veranstalten: In dem Gedicht *Of Arthour and of Merlin* aus dem dreizehnten Jahrhundert verneint eine Gruppe aufmüpfiger Barone Arthurs Anrecht auf den Thron. Merlin

»... zauberte
Und brachte großen Schaden
Über die Zelte, wildes Feuer,
Das so hell brannte wie
Die Flamme auf einem Kerzendocht...«[30]

Der Zauberer Merlin begegnet uns in den Überlieferungen als Druide mit seinen vielfältigen, unterschiedlichen gesellschaftlichen Funktionen, wenngleich dieser Merlin eine Figur mit mannigfachen Wurzeln ist. Tatsächlich weist Gandalf nun einige wichtige druidische Eigenschaften und Funktionen auf.

Man schrieb den Druiden die Funktion von Philosophen, Zauberern und Hütern des Wissens zu, aber auch mit der Kunst des Weissagens sollen sie sich beschäftigt haben. Das Wort Druide wurde viele Jahrhunderte lang bestimmt durch die Bedeutung, die Plinius der Ältere ihnen in seinen Berichten zuwies. Er schloss aus dem Umstand, dass die Druiden die Mistel und den Baum, auf dem sie wächst, nämlich die Eiche, verehrten, dass das Wort ‚Druide' von dem griechischen Wort *drus* (Eiche) stamme. Unterstützt wurde diese Vermutung durch die tatsächliche Bedeutung der Eiche in der Religion der Druiden. Heute jedoch neigt man mehr dazu, den Begriff ‚Druide' auf das alte keltische Wort *druwides* zurückzuführen. Zusammengesetzt aus dem Präfix *dru*, was soviel heißt wie „viel, weit, kräftig" und dem Begriff *wid*, den man mit „wissen, sehen" übersetzen kann, sind die Druiden somit die weit Sehenden oder die viel Wissenden, was mit ihren tatsächlich zugeschriebenen Funktionen übereinstimmt.[31]

Die Aufgabe der Druiden war es im Wesentlichen auch, dem König beratend zur Seite zu stehen. Ferner konnte ohne Zustimmung des Druiden niemand König werden oder zumindest als solcher anerkannt werden. Der König war von dem Druiden abhängig. Zwar wurde er nicht von einem Druiden ernannt, denn der König galt als Krieger und musste als solches von den Angehörigen seiner Klasse gewählt werden. Diese Wahl aber wäre wertlos, wenn sie nicht vom Druiden bestätigt wurde. Als solches konnte der König nichts gegen den Willen seines Druiden unternehmen, er musste seine Meinung und seinen Rat berücksichtigen. Demgegenüber war aber auch der Druide verpflichtet, jenes zu tun, worum der König ihn bat, vorausgesetzt es handelte sich nicht um etwas Ehrfurchtloses. Insofern florierte das gesellschaftliche Miteinander nur, wenn König und Druide ein gut eingespieltes Gespann waren. In der Merlin- und Artus-Sage beginnt das Königreich an dem Tage zu zerfallen, als Merlin verschwindet und hierdurch die Herrschaft aus König und Druide, Herrscher und Berater nicht mehr vollständig ist.[32]

Es gab folglich keine strikte Trennung von Religion und Politik, denn politisches Handeln war immer auch sakrales Handeln.

Tatsächlich deuten auch einige Verbindungen Gandalfs zu den Mächtigen Mittelerdes auf eine solcherart beschaffene

Beziehung hin. So wird das besondere Verhältnis zwischen Herrscher und Ratgeber beispielsweise in Gandalfs Verbindung zu Théoden angedeutet, dem siebzehnten König von Rohan. Immer war Gandalf hier Ratgeber und Berater, auch wenn er nicht ständig anwesend war. Erst als Schlangenzunge nach längerer Abwesenheit Gandalfs diese Position im Auftrage Sarumans einnimmt, verfällt nach und nach nicht nur der körperliche und geistige Zustand Théodens, sondern auch zunehmend die Integrität des Reiches Rohan. Und erst als Gandalf zurückkommt und seinen ratgebenden Platz neben dem König erneut einnimmt, kehren Théodens Lebensmut und damit auch die Hoffnung und die Kraft Rohans für die bevorstehenden Aufgaben wieder zurück. In der Beziehung Gandalf-Denethor, dem letzten herrschenden Truchsess von Gondor, lässt sich ebenfalls eine solch beschriebene Affinität erkennen, wenngleich mit tragischem Ausgang. Zunächst misstraut Denethor Gandalf und hegt die Vermutung, dass dieser ihn hinters Licht führen will. Später erkennt er zunächst seine eigene Torheit und bittet Gandalf: »Lasst Euren Zorn über die Torheit eines alten Mannes abkühlen und kommt dann zurück zu meinem Trost.«[33] Dennoch bricht Denethor schlussendlich mit dem Zauberer und ihn ereilt der selbstgewählte Tod aufgrund seiner Verzweiflung und Raserei über die vermeintlich ausweglose Situation. Das Aufkündigen des Herrscher-Ratgeber-Verhältnisses führt hier zwar nicht zum Untergang des Königreiches, aber zum (selbstgewählten) Untergang des Herrschers.

Druiden waren aber nicht nur Berater, Gelehrte, Heiler und Friedensstifter, sondern sie beteiligten sich auch, wenn nötig, am Kampf und konnten sogar Heerführer oder Feldherr werden. So hat sich in Irland bis in die christliche Zeit hinein der Brauch bewahrt, dass Mönche oder Geistliche mit in den Krieg zogen. Der mythische Druide Mog Ruith begibt sich in den Kampf »mit seinem gesternten, vielfarbigen, von einem leuchtenden Silberkreis geschmückten Schild, links trägt er ein mächtiges Kriegsschwert, und in seinen Händen drohen zwei vergiftete Lanzen.«[34] Der Kampf wurde also nicht nur mit magischen Mitteln von Seiten der Druiden geführt, sondern sie trugen auch eine beachtliche Bewaffnung mit sich herum. Wir erinnern uns, dass auch Gandalf mit einem mächtigen Schwert bewaffnet war: *Glamdring* oder auch ‚Feindhammer' genannt; ein Schwert, welches wohl dereinst dem König von Gondolin gehörte und ebenso wie Bilbos und Frodos Klinge *Stich* einen blassen blauen Lichtschein von sich gab, sofern Orks in der Nähe waren. Zudem war zweifellos sein alter magischer Zauberstab seine eigentliche Waffe. Im Übrigen hat das Motiv des Krieger-Druiden seine Entsprechung in den Fiana. Diese berühmte, halb historisch, halb legendäre Kriegerkaste, deren Ursprünge im Dunkeln liegen und deren Oberhaupt Finn mac Cumail war, stellen eine solche Verbindung von Krieger und Priester dar. Niemand konnte bei den Fiana aufgenommen werden, der kein Weiser oder Dichter war, der demnach nicht der Priesterklasse angehörte. Sie sind die Urbilder für die Ritter der Tafelrunde, unter denen Lancelot, Tristan und Gawain kriegerischen Heldenmut mit höfischer Noblesse verbinden. Als Musiker oder Dichter sind sie ebenfalls Teil der Priesterklasse.[35]

Besondere Eigenschaften, welche man den Druiden im keltischen Irland und Britannien mit am häufigsten zugeschrieben hat, sind die Fähigkeit und Macht, zum eigenen Nutzen über Nebel, Sturm oder Donner zu gebieten. In den frühen Quellen weisen zahlreiche Beispiele auf diesen Glauben hin. Der Druide Mac Tail nutzte einen herbeigezauberten Nebel, um sich dort vor dem heiligen Senan zu verstecken. In einer anderen Erzählung legt der Druide Tadg einen Dunstschleier um Cnucha, um so zu verhindern, dass der Recke Cumhail seine magischen Waffen findet. Ein anderes Mal ließen Druiden Nebel und Sturm aufsteigen, um die milesische Flotte zu zerstreuen. Dies war solange erfolgreich, bis die milesischen Druiden wiederum ihre Zauberkräfte einsetzten, um das Unwetter zu bändigen und zu besänftigen. Ein irischer Held namens Cú Chullain besiegte einen Riesen, dessen Herrschaftsgebiet von schwarzen Nebelschwaden verhangen war. Man nahm an, dass diese magischen Nebel vorwiegend dazu genutzt wurden, um den Verlauf einer Schlacht zu beeinflussen. Obwohl sich diese Episoden auf ein mythisches Zeitalter beziehen, findet sich der Hinweis auf eine historische Schlacht, in dem dieses Phänomen beschrieben wird. Es ist die Schlacht von Cuil Dremne im Jahre 561 in Irland, welche zwischen einer Gruppe christlicher Könige und dem heidnischen Diarmait mac Cerbaill ausgetragen wurde. Hier ließ der Druide Fraechnan durch seine Beschwörungen einen Nebel aufkommen, der sich erst auflöste als sein christlicher Gegenpart, der heilige Columban einen Gegenzauber bzw. Gegengebet aussprach, um Gottes Beistand zu erbitten.[36]

Auch Gandalf war in der Lage, die Naturkräfte heraufzubeschwören und für sich zu nutzen. In Théodens Halle hob er seinen Stab, um einen Donner erklingen zu lassen, das Sonnenlicht zu löschen und einen Blitz hervorzurufen. Und als Gandalf Théodens Mannen nach Orthanc, Sarumans Burg, führte, ritt er in einen sich ausbreitenden Nebel. Nur widerwillig folgten ihm die Männer, als sie sahen, dass sich der Nebel hinter Gandalf verzog. Sarumans Macht begann, sich aufzulösen. Das Vertreiben des Nebels steht metaphorisch

für die aufkommende Sicherheit und Klarheit, die Gandalf hervorbringt, da er durch seine Umsicht und durch sein Wissen, Unsicherheiten aufzulösen vermag und Aufklärung in eine unübersichtliche Situation bringt.
Der Orden oder die Klasse der Druiden war nun nicht frei von jeglicher Organisation oder Struktur, die Aufgaben und die Zuständigkeiten waren vielmehr sehr genau verteilt.
Obwohl die einzelnen Stämme oder Völker ihre eigenen Druiden hatten, waren diese in überregionale Druidenstrukturen eingebunden. Es gab also Organisationen, deren Zweige auch die miteinander rivalisierenden Völker durchdrangen und hierdurch einen großen Einflussbereich besaßen. Cäsar stellte dereinst fest, dass die Druidenklasse hierarchisch geordnet sei: »An der Spitze der Druiden steht derjenige, der bei ihnen das größte Ansehen genießt. Nach seinem Tod tritt der an seine Stelle, der alle anderen an Würde überragt; wenn es aber mehrere Bewerber gibt, entscheiden die Stimmen der Druiden, bisweilen sogar die Waffen den Wettstreit.«[37] Der höchste der Druiden konnte folglich auf verschiedenen Wegen bestimmt werden, diese waren aber letztlich alle weitgehend demokratisch.
Im Mittelpunkt stand das Ansehen des einzelnen Druiden, das ihm Autorität verschaffte. Wenn mehrere unter ihnen dasselbe Ansehen genossen, wurde gewählt. In seltenen Fällen, bei auflodernden Emotionen und verhärteten Positionen, konnte es auch zu einer Gewaltlösung kommen. Es gab keine automatische Nachfolgeregelung, wie beispielsweise eine Erbfolge. Alle Druiden besaßen demnach ein einziges gewähltes Oberhaupt.[38] Genau dies entsprach der geistigen Haltung des Druidentums; es handelte sich nicht um eine fest reglementierte Kaste, wenn es um den Eintritt oder um die Nachfolge ging, sondern um eine Klasse, in die man nur

aufgrund seiner intellektuellen Qualitäten und Verdienste aufgenommen werden konnte. Es herrschte eine Chancengleichheit, die es jedem ermöglichte, in diese Gesellschaft aufgenommen zu werden, unabhängig davon, ob er Krieger, Künstler, Mitglied einer Königsfamilie, Hirte oder Bauer war. Grundvoraussetzung für den Zugang zur Druidenschaft war ‚nur', die etwa zwanzigjährige Studienzeit und Ausbildung mit Erfolg hinter sich zu bringen, die im Verhältnis zur damaligen Lebenserwartung sicherlich mehr als beachtlich war und dergestalt ein zwangsläufiges Selektionskriterium darstellte.

Gandalf und Saruman waren Mitglieder eines Ordens der Zauberer (quenya-elbisch ‚Istari'), der geheimes Wissen über die Geschichte und das Wesen Mittelerdes besaß. Sie waren keine Menschen, auch wenn sie so aussahen und von fast allen für solche gehalten wurden, sondern ‚Maiar', d. h. wie die Valar, die ersten von dem höchsten Gott (Ilúvatar) erschaffenen Wesen, allerdings von etwas niedrigerem Rang als die Valar. Die Istari wurden im Auftrag von Aman zu Beginn des Dritten Zeitalters nach Mittelerde gesandt und sollten das Schicksal von Mittelerde und den dort lebenden Wesen mitlenken und zwar insofern, dass sie dem dunklen Sauron Widerstand leisten sollten. Dieser Orden der Maiar war nun ebenfalls streng hierarchisch geordnet. Die Größe bzw. die Anzahl der Mitglieder des Ordens ist nicht bekannt, jedoch waren es fünf an der Zahl, die in den Norden Mittelerdes geschickt wurden.

Von diesen fünf kam Gandalf zuletzt nach Mittelerde. Die Hierarchie jener fünf ist anhand der Farbzuordnung ihrer Gewänder angedeutet. Der Höchste unter ihnen war ganz in weiß gekleidet und galt zunächst als der Weiseste unter ihnen. Es war Saruman. Dann folgte der graue Pilger Gandalf, anschließend zwei meerblau gekleidete Zauberer und schlussendlich der in ein erdfarbenes Gewand gehüllte Radagast. Radagast war der Freund aller Tiere, besonders der Vögel und lebte eine lange Zeit in Rhosgobel, das sich in der Nähe der Grenzen von Düsterwald befand. Gandalf sagt über Radagast im ersten Band des *Herrn der Ringe*:

»Radagast ist gewiß ein ehrenwerter Zauberer, ein Meister der Gestalten und Farbverwandlungen; und er hat große Kenntnisse von Kräutern und Tieren, und Vögel sind seine besondern Freunde.«

Saruman hingegen hat keine hohe Meinung von ihm, sondern nutzt seine Gutgläubigkeit aus, um Gandalf gefangen zu nehmen:

»Radagast der Vogelbändiger! Radagast der Einfältige! Radagast der Narr! Immerhin hatte er gerade genug Verstand, um die Rolle zu spielen, die ich ihm zugedacht hatte. Denn du bist gekommen, und das war der ganze Zweck meiner Botschaft. Und hier wirst du bleiben, Gandalf der Graue, und dich von deinen Fahrten ausruhen. Denn ich bin Saruman der Weise, Saruman der Ringmacher, Saruman der Vielfarbige!«

Über die Namen und den Verbleib der beiden blauen Zauberer ist im Westen Mittelerdes nichts Näheres bekannt, außer dass sie wohl als Boten in entlegene Gegenden des Ostens und Südens gingen. Von den Valar wurden sie vermutlich Alatar und Pallando genannt.[39] Dass die Rangfolge der Zauberer durch die Farbwahl ihrer Gewänder ausgedrückt wurde, zeigt sich daran, dass Gandalf im Laufe der Geschichte des *Der Herr der Ringe* von Gandalf dem Grauen zu Gandalf dem Weißen wird, dem Führer und Höchsten seines Ordens. Letztendlich ist er auch der Einzige unter ihnen, der dem Auftrag der Zauberer treu bleibt und mit Erfolg versucht, das Gute zu verwirklichen und Sauron den Dunklen zu bekämpfen. Saruman, der zuvor Mächtigste unter ihnen, strauchelt und verliert sich in den dunklen Fängen der Macht.

So hat sich gezeigt, dass Gandalf im Allgemeinen und sein ganzer Orden im Besonderen eine deutliche Affinität zu den Druiden aufweisen. Tolkien wäre allerdings nicht Tolkien, würde er nicht auch hier eine Mehrfachbeziehung zu anderen mythischen oder geschichtlichen Figuren entwickeln. Es handelt sich hierbei um den wichtigsten Helden der finnischen Epen, um den Zauberer *Vainamoinen.* Obgleich er immer als menschlicher Held erschien, war Vainamoinen der Sohn der Urgöttin *Luonnotar*. Er selbst wurde vorzugsweise als alter und weiser Mann dargestellt.

Das Bild von Akseli Gallen-Kallela (1865-1931), zeigt eine Begebenheit aus der Kalevala mit Vainamoinen als weißbärtigen Mensch mit Schwert.

Er war ebenso wie Gandalf bekannt für seine wundersamen Zauberkräfte. Aber auch weitere Einzelheiten verweisen auf eine Verbindung zu Gandalf. So bereiste er die ganze Welt, angetrieben durch einen unermüdlichen Erkundungsdrang. Auch kehrte er als Einziger aus dem Reich der Toten zurück, so wie Gandalf nach dem Kampf in Moria gegen den Balrog zurückkehrt zu den Lebenden. Gegen Ende seines Lebens brach Vainamoinen in einem Schiff aus Kupfer zu einer niemals endenden Reise auf. Hier spiegelt sich deutlich die Schlussszene in *Der Herr der Ringe* wider, in der Gandalf, Frodo und die anderen mit einem Schiff aufbrechen, um eine lange Reise anzutreten. Es verdeutlicht sich solcherart, dass die Gestaltung der Figur Gandalf von unterschiedlichen Seiten beeinflusst wurde, und man kann mit Recht davon ausgehen, dass Gandalf wohl einer der komplexesten Figuren ist, die Tolkien kreiert hat. Das Aussehen Gandalfs ist zudem von einer gekauften Postkarte beeinflusst, die der junge Tolkien in der Schweiz auf einer Urlaubsreise erwarb. Sie zeigte einen alten Mann mit langem Bart, der einen runden Hut und einen langen Mantel trägt. Später betitelte Tolkien die Postkarte mit der Aufschrift »Gandalfs Ursprung«.

Nun hat Tolkien zudem Lieder und Gesang als Form der Darstellung von Vergangenem aus dem Fundus mittelalterlich-germanischer Tradition übernommen. Besonders bei den Elben, später auch bei den Hobbits, vor allem durch Frodos und Bilbos Abenteuer, spielt das Verarbeiten und Überliefern eines Abenteuers oder Ereignisses in Form eines Liedes eine wichtige Rolle, um die eigene Geschichte weiterzugeben. Während sich besonders in den Liedern der Elben die Sehnsucht nach einer längst vergangenen Zeit ausdrückt, die viele Dekaden umschließt, bekunden und thema-

tisieren Hobbitlieder zunächst nur die angenehmen Dinge des Lebens, wie das Essen und Trinken, Rauchen und die Gemütlichkeit. Außerdem breitet sich auch durch die Hilfe von Liedern und Balladen die Geschichte Mittelerdes für den Leser aus, aber auch den Gefährten dienen sie zur Ausweitung ihres geschichtlichen Horizonts.
Wie schon auf den ersten Seiten betont, erscheinen Musik, Worte und Weltschöpfung miteinander verbunden und zwar auch in ihrer Bedeutung für die Vermittlung von Historizität.

»Die ursprüngliche Sprache der Schöpfung ist die Musik; denn Prosa geht zurück auf Dichtung, und Dichtung geht zurück auf Musik. Dichtung ist nicht verfeinerte und verzierte Prosa, sondern Prosa ist gefallene und rationalisierte Dichtung. Die alte Dichtung aber war immer dazu gedacht laut gelesen zu werden, und die früheste Dichtung war immer für den Gesang gedacht. Und Musik war nicht bloße Begleitung der Worte, sondern die Worte interpretierten die Musik. Die allererste Sprache ist die Musik, und das ist der Grund, weshalb sie unser Staunen weckt.«[40]

Gerade in der keltischen Kultur spielten neben den Druiden auch die Barden eine vornehmliche Rolle. Aus den mythischen und rätselhaften Anfängen des Druidentums stiegen sie empor und sind nicht trennscharf von den Druiden zu unterscheiden. Sie waren es jedoch, die neben den Druiden kulturelle Überlieferungen am Leben erhielten und die Helden längst vergangener Tage in ihren Liedern zu rühmen hatten. Ihre wichtigsten Fähigkeiten waren ihre poetische Imagination, das Wissen um den unerschöpflichen Schatz alter Gesänge und Verse und die Kenntnis der alten Mythen und Legenden. Sie galten als Künstler des Wortes, sprachen gern in Rätseln und Rätselversen und besaßen weiterhin das Wissen der Geheimlehren. Auf der Magie des gesprochenen und gesungenen Wortes gründeten sich ihre Autorität und ihr Ansehen an den Königshöfen, wo sie als Berichterstatter und Geschichtenerzähler auftraten und so für die Unterhaltung der Hofgesellschaft sorgten, aber auch dafür, dass die Tradition und Kultur vergegenwärtigt und am Leben erhalten wurde. Wie bei den Druiden gaben die Barden ihr Können und ihr Wissen von Generation zu Generation ausschließlich mündlich weiter, da in ihrem Verständnis das Geheimnis von Wort und Stimme auch nur durch das Wort selbst und durch die Anwendung des Zaubers der Stimme weitergegeben werden konnte. Natürlich verschaffte ihnen die rein mündliche Tradierung ihrer Fähigkeiten eine gewisse Exklusivität und sicherte so ihre gesellschaftliche Stellung.[41]

In ähnlicher gesellschaftlicher Position und Tradition steht der mittelalterliche Minnesang, der aber im eigentlichen Sinne die unterschiedlichen Formen der mittelhochdeutschen Liebeslyrik darstellte. Manchmal werden jedoch mit Minnesang ebenfalls alle Arten mittelhochdeutscher Lyrik bezeichnet, demzufolge auch Kreuzzugslyrik und politische, religiöse und moralische Spruchdichtung. Der Minnesang entwickelte sich in der zweiten Hälfte des 12. Jahrhunderts, wobei vor allem Anregungen von den Troubadours und den französischen Trouvéres verarbeitet wurden. Als höfische Dichtung begleitete er die Entstehung einer höfisch-ritterlichen Kultur, in der später der hohe Minnesang seine Ausprägung fand. Hier wurde die Frau zu einem unerreichbaren Ideal stilisiert, dem sich der Ritter dann in hoffnungslosem Dienst ergibt.

Tolkien führt derweil schon auf den ersten Seiten des *Herrn der Ringe* Quellen und historisches Material an, um seine surreale Welt als real existierend auszuweisen, auch wenn sie sich in einer weit zurückliegenden Vergangenheit abgespielt hat. Er selbst tritt hier mehr als Herausgeber einer vermeintlich wahren Quelle auf. Seine Geschichten selbst sind angefüllt mit dem Bewusstsein und der Atmosphäre der Vergangenheit. Tatsächlich gibt es kaum einen Charakter, dessen Herkunft nicht aufgezeigt oder zumindest angedeutet wird, oder ein Volk, dessen Geschichte nicht im Text oder in den Anhängen dargelegt oder verzeichnet ist. Sowohl in *Der kleine Hobbit* als auch in *Der Herr der Ringe* begegnen den Gefährten auf ihrer Reise stetig Ruinen alter Festungen, Hügelgräber, Straßen und Mauern, die auf die Existenz längst vergangener Reiche und ihrer Zerstörung verweisen. Die Existenz von Hügelgräbern deutet zudem auf altnordische Zeiten hin. Man unterscheidet hier das Brennzeitalter und das Hügelzeitalter. Der Bau von Hügelgräbern soll in Dänemark entstanden sein. Dereinst soll der König Hring nach einer großen Schlacht die Leiche des Harald Hildetan auf seinen Wagen in einen Hügel hineingeführt und noch einen Sattel zu dem Toten gelegt haben, damit dieser nach Walhall reiten könne. Allerdings war es auch möglich, dass die »Totenmenschen« zurückkamen. Der Überlieferung nach zeigte sich das Hügelgrab eines erschlagenen Isländers offen, und man sah den Toten in der Mondnacht, der zu Ehren seiner eigenen Ruhmestaten sang.[42]

Man bedenke, dass es für das mythische Denken – unabhängig davon, ob es sich um griechische oder nordisch-germanische Mythologie handelt – im Gegensatz zu dem heutigen rational aufgeklärten Denken keine direkte, scharfe Grenze gab, die die Sphäre des Lebens von denen der Toten abtrennte. Vielmehr war das Verständnis über das Verhältnis von Sein und Nicht-Sein das von homogenen, gleichartigen Teilen, so dass der Tod zwangsläufig als Fortdauer gedacht wurde. Im mythischen Denken herrschte die Anschauung einer fließenden Grenze zwischen Leben und Tod vor. Eigentlich gab es hier kaum Gegensätze in der Vorstellung von der Welt des Lebens und der Welt des Jenseits, so dass die jenseitige Welt häufig wie eine schlichte Verdoppelung der Welt des Diesseits erschien, wobei auch die dortige soziale Ordnung in die Totenwelt übernommen wurde.[43] Übrigens wird diese Sichtweise gerne cineastisch übernommen, z.B. im Film *Fluch der Karibik 3*, in dem Kapitän (!) Jack Sparrow aus dem Totenreich befreit wird und zurück in die Welt der Lebenden tritt.

Tolkiens mythisches Denken spiegelt sich offenkundig in Mittelerde wider. Hier gibt es ebenfalls keine strikte Trennung zwischen den Lebenden und den Toten. So wandelt Aragorn auf den Pfaden der Toten durch das Weiße Gebirge und mobilisiert dort ein Heer von toten Kriegern und Scharen von Geistern, die mit ihm in den Krieg gegen Sauron ziehen. Die Elben gelten als unsterblich, obgleich sie durch äußerliche Gewalt ihre leibliche Hülle verlieren können. Wenn dies geschieht, treten sie ein in Mandos Hallen, um dort nach einer Zeit der Erholung oder Reinigung erneut in die Welt zurückzukehren. Und auch die Grauen Anfurten, der graue Hafen, von dem aus einige der Gefährten und die Ringträger die Welt von Mittelerde verlassen, um in den alten Westen überzusetzen, verweisen auf eine jenseitige Welt, eine Anderswelt. Diese Vorstellung einer jenseitigen Anderswelt wurzelt tief in der keltischen Mythologie, und Tolkien mag von dieser Perspektive und Vorstellung beeinflusst worden sein, als er die Idee des Alten Westens oder von

Mandos Hallen entwarf. In der Mythologie sind die Anderswelten unsichtbare Reiche von Göttern und Geistern, die nur durch einen dünnen, leichten Schleier von der sichtbaren Welt getrennt sind. Die walisische Bezeichnung für die Anderswelt war *Annwn*, ein Land des Friedens und des Überflusses und der Ort des Zauberkessels der Wiedergeburt. Bekannter ist diese Welt unter dem Namen *Avalon* geworden. Der tödlich verwundete Artus wurde von drei geheimnisvollen Frauen in einem Boot dorthin gebracht. Im Volksglauben hielt sich die Überzeugung, dass der untote König von Avalon zurückkehren würde, um die angelsächsischen und normannischen Eroberer zu vertreiben. Auch die irische Anderswelt ähnelt diesem Bild. Man stellte sie sich häufig auf einer Insel im Ozean vor oder in einem See oder unter der Erde. Deshalb konnte man sie auf verschiedene Weisen erreichen; so über das Meer mit einem Boot, über einen See oder durch eine Höhle. Diese Anderswelt ist in der irischen Mythologie ein Ort des Glücks, des Friedens, der Schönheit, der Unsterblichkeit und der Ursprung aller Weisheit. In ihr herrschen Magie, Zauber und Musik, und es ist das Land der ewigen Jugend, bekannt als *Tir na n´ Og*. Dieser zeitenthobene Ort erscheint wie ein idealisiertes Diesseits.[44]

Nun findet sich im *Silmarillion* die Stadt Avallóne. Sie befindet sich am östlichen Ufer der Einsamen Insel, genannt Tol Eressea und wurde von jenen Eldar erbaut, die am Ende des Ersten Zeitalters aus Mittelerde in den Westen gesegelt waren und sich schließlich dort niederließen. Avallóne durfte von Menschen nicht betreten werden, da es zu den Unsterblichen Landen gehörte. Hier zeigt sich folglich ein offensichtlicher Hinweis auf das bretonische Avalon.

Tolkiens Mittelerde ist durchdrungen vom mythischen Denken. Die Eigenart des mythischen Denkens liegt darin, dass es eine besondere, eine enthobene Art und Weise der Weltgestaltung aufzeigt, die der realen, gegenständlichen Welt souverän und selbständig entgegentritt. Hier herrscht noch nicht die Trennung zwischen Realem und Irrealem vor. Eine Grundsätzlichkeit zwischen Ursache und Wirkung wie im rationalen Denken ist noch nicht gegeben. Vielmehr vollzieht sich eine Verknüpfung von Erscheinung und Wirkung, so dass Erscheinung und Wirklichkeit nicht zu trennen sind. Hier hat die Entzauberung der Welt noch nicht eingesetzt und eine Welt der Erscheinungen hat sich gegenüber einer Welt der Dinge gleichberechtigt etabliert.
Quasi der gesamte Weg der Ringgefährten führt nun durch Relikte und Überbleibsel längst vergangener Zeiten und Ereignisse, wie das Gebiet der Grabunholde, die Totensümpfe oder die Minen von Moria nachhaltig vermitteln. Das Vergangene durchdringt alles, so dass beharrlich Figuren oder Ereignisse aus vergangener Zeit dem Leser, aber zum Teil auch den Beteiligten selber in ‚Erinnerung' gerufen werden. Manchmal erscheinen den Figuren selbst verschiedene Ereignisse und Überreste nur noch als Mythos und Legende, die in den Geschichten des jeweiligen Volkes einen Platz gefunden haben und von dort weitergegeben werden, obwohl man kaum noch ihre wahre Existenz annehmen mag; man erinnere sich nur beispielsweise an Éomers Staunen, als er von Aragorn hört, dass die Gefährten durch Lothlórien gekommen seien; und auch die Hobbits selbst sind in Rohan nur noch in Kindermärchen und -liedern überliefert:

»Dann gibt es also wirklich eine Herrin im Goldenen Wald, wie alte Sagen berichten!' sagte er. [...] ‚Es sind wahrlich seltsame Zeiten‘ murmelte er. ‚Träume und Sagen tauchen aus dem Gras auf und werden lebendig.‘ [...] ‚Halblinge!‘ lachte der Reiter, der neben Éomer stand. ‚Halblinge! Aber das ist doch nur ein kleines Volk in alten Liedern und Kindermärchen aus dem Norden. Leben wir denn in Sagen oder auf der grünen Erde im Tageslicht?«[45]

Hierdurch unterstreicht der Erzähler, dass die Geschichten, die den Entdeckungen vorausgehen, auf historischen Begebenheiten beruhen und nicht nur auf ausgedachten Erzählungen oder Legenden. Beide Ebenen, mythologische wie reale, verschwimmen ineinander, so dass man letztlich nicht sicher sein kann, was nun Mythos und was Realität ist.
Zunächst nur durch die Augen der Hobbits erfährt der Leser mehr und mehr über die sich ihm ausbreitende Welt des Auenlandes und Mittelerdes. In der Tat verbindet den Leser und die Hobbits, dass sie am wenigsten von der Welt Mittelerdes wissen. Die Hobbits sind dort das jüngste Volk im *Herrn der Ringe*, da sie sich erst im Dritten Zeitalter im Auenland niederließen. Weil sie das Auenland als Zentrum der Welt ansehen, reicht ihr historisches Interesse und Verständnis nicht weiter als bis zu ihren eigenen Familiengeschichten und -chroniken. Die Trennung von der restlichen Welt wird durch den Gebrauch einer eigensinnigen Zeitrechnung noch unterstrichen. Während die anderen Völker die alten Datierungen der Elben benutzen, beginnt die Hobbitzeitrechnung erst mit ihrer Besiedlung des Auenlandes.[46]
Je mehr sich das Geschehen mit der Wanderung der Gefährten ausbreitet, um so detaillierter wird auch das Bild der Geschichte dieser Welt für die Hobbits und somit auch für den Leser. Hierbei verdeutlicht sich dann einmal mehr, mit welchem Reichtum an historischer ‚Authentizität‘ und epischer

Komplexität Tolkien seine Welt ausgestattet hat, aber auch, dass der Ablauf der Zeit eine wesentliche Konstante dieser Welt ist, wenn auch manche, wie die Elben, weniger davon berührt werden. Dieser Aspekt wird noch durch die verschiedenen Zeitrechnungen und Daten der Völker, aber auch durch die Vermittlung des Ablaufs der Stunden, des Tages oder der Jahreszeiten während der Wanderschaft und Abenteuer der Gefährten unterstrichen. Zudem entsteht zusätzlich eine enge Bindung des Lesers an die Geschichte. Denn in der Tat taucht der Leser durch die teilweise ausgedehnten Schilderungen des Erzählers tief in die Geschichte Mittelerdes ein. Man empfindet an manchen Stellen des Textes, die ausgedehnte, mühselige und mitunter eintönige Wanderung der Gefährten durch eine hieran angelehnte Erzählweise mit. Über viele Seiten lang verfolgt man den mühseligen Weg und ist froh, wenn die Gefährten endlich eine Rast einlegen, da man selber ebenfalls eine Rast vom Lesen benötigt.
Aber nicht nur die Überreste und Ruinen alter Tage am Rande der Wanderung der Gefährten deuten auf die wandelbare Vergangenheit von Mittelerde hin, sondern auch einzelne Landschaften verweisen auf längst Vergangenes. So lässt sich das Bestehen des Auenlandes wesentlich weiter zurückverfolgen, als die Hobbits es für möglich halten. Als Frodo zu Beginn seiner Reise auf die Schwarzen Reiter trifft und von einer Gruppe von Elben unter der Führung Gildors eine Nacht begleitet wird, verdeutlicht Gildor den Hobbits, die das Auenland als ihr Eigentum betrachten, dass das Auenland und Mittelerde schon lange vor den Hobbits bewohnt und von sich gegenseitig ablösenden Zivilisationen besiedelt wurden. Zudem erfahren die Leser und auch die Hobbits durch den Einen Ring mehr über die bewegte Geschichte Mittelerdes und zwar insofern, dass Gandalf oder der Rat in

Elronds Haus im Zuge ihrer Erklärungen über die Bedeutung des Ringes für Mittelerde, die Geschichte des Ringes und damit verschiedene Episoden der Geschichte Mittelerdes erläutern. Mehr und mehr durchwandert man mit fremden Augen die Historie dieser Welt und erhält einen immer umfassenderen Blick, ein immer detaillierteres Bild von ihr. Eine weitere Ahnung der geschichtlichen Ausdehnung erhalten die Hobbits durch Tom Bombadil, indem er ihnen von den Anfängen Mittelerdes erzählt. Er gilt neben Baumbart als eines der ältesten Wesen von Mittelerde und repräsentiert so ihre umfassende historische Tiefe.[47] Aber Tom Bombadil erscheint auch in anderer Hinsicht interessant. Er und Goldbeere stehen nämlich außerhalb des von Tolkien konzipierten Ordnungssystems von gut und böse. Sie beide lassen sich nicht der Farbsymbolik schwarz/weiß bzw. böse/gut zuordnen, sondern repräsentieren einen neutralen, unbeteiligten Boden. Ihr farbenfrohes Auftreten verdeutlicht dies ebenso, wie der Hinweis, dass sie keinem Herren dienen. Auch werden beide weder vom Erzähler einer bestimmten Rasse zugeordnet, noch in der Klassifizierung Elronds der „freien Menschen“ erwähnt. Tom Bombadil ist sein eigener Herr, der auch von der Macht des Ringes nicht berührt wird, denn der Ring hat keine Wirkung auf ihn. Als er ihn aufsetzt, passiert nichts, er bleibt weiterhin sichtbar. Tom Bombadil und Goldbeere erscheinen mehr als interessierte Unbeteiligte, und es drängt sich die Vermutung auf, dass sie eine Art Naturgottheit repräsentieren.[48]

Es hat sich nunmehr gezeigt, wie vielseitig Tolkiens Konzeption von Mittelerde und ihrer Geschichte ausgerichtet ist. Sie lässt sich nicht auf einen Ursprung oder eine Quelle reduzieren. Vielmehr stellt sie in ihrer Kombination und Verquickung von unterschiedlichen Einflüssen etwas Neues und Eigenes dar.

Interessant erscheint obendrein ein weiterer Punkt in Tolkiens Entwurf. Es ist seine Verwendung von Zahlen, die eng an die mittelalterliche Zahlenallegorese angelehnt ist. Nimmt man Tolkiens Verwendung von Zahlen in den Blick, offenbart sich eine weitere Tiefenschicht des Textes, die es zu erforschen gilt und die meines Wissens bisher noch überhaupt nicht in den Blick der Tolkienforschung gekommen ist. Dass es sich bei der Verwendung einiger Zahlen im *Hobbit* und *Herrn der Ringe* nicht um eine zufällige Auswahl vonseiten Tolkiens handelt, wollen die nächsten Kapitel aufzeigen.

~ Zahlen als Symbol ~

Wie schon zuvor erwähnt, war Tolkien ein genauer Kenner des christlich-mittelalterlichen und nordisch-germanischen Weltbildes. In der Tat liegt gerade in der Kenntnis des mittelalterlichen Zahlenglaubens und der Zahlensymbolik ein wichtiger Schlüssel zu der damals vorherrschenden Weltsicht. Oft entlehnte Tolkien bestimmte Sichtweisen, Themen oder Überzeugungen aus diesem Weltverständnis, um sie in seinem Werk in einen veränderten, neuen Zusammenhang zu bringen. Hierbei vermengte er die unterschiedlichsten historischen Quellen zu einer neuen Ordnung der Dinge. Ein Beispiel hierfür ist auch sein Umgang mit Zahlen und ihrer Bedeutung. Zwar würde es bei weitem zu weit führen, zu behaupten, dass Tolkien sein ganzes Werk mit zahlenmythologischer und zahlenallegorischer Bedeutung unterlegt hat, dennoch wird deutlich, dass er vereinzelt auf dieses Mittel zurückgegriffen hat, um die Bedeutung einer Sache zu untermauern oder einfach aus Freude daran, eine für ‚Eingeweihte' weitere Betrachtungsebene zu etablieren. Das Entdecken von solchen Andeutungen trägt bisweilen zum Lesevergnügen bei. Nicht alle Zahlen im *Hobbit* und dem *Herrn der Ringe* haben einen bloßen Formelcharakter, verschiedentlich sind sie bedeutungsträchtig. Schon zu Beginn des *Herrn der Ringe* findet sich eine solche Zahlenspielerei und zwar insofern, dass Bilbo seinen einhundertelften Geburtstag am 22. des Monats September zusammen mit Frodo feiert, der an diesem Tag dreiunddreißig Jahre alt wird. Der Zufall, dass beide am selben Tag Geburtstag haben, wird in einem anderen Zusammenhang noch eine Rolle spielen. Zusammengerechnet ergeben nun beide Lebensjahre einhundertvierundvierzig. Daran orientiert sich Bilbo, als er die Anzahl der Gäste festlegt, es sind nämlich ebenfalls einhundertvierundvierzig. Bilbo selbst sagt uns dann auch, was es mit dieser Zahl auf sich hat:

»Zusammen sind wir hundertvierundvierzig Jahre alt. Die Zahl der Tischgenossen sollte dieser bemerkenswerten Gesamtsumme entsprechen: Ein Gros, wenn ich den Ausdruck gebrauchen darf.«[49]

Dieses Gros wird in der Tat in alter Literatur auch als „dickes Dutzend" bezeichnet, eine hintersinnige Beschreibung Tolkiens für die wohlgenährten und nimmersatten Hobbits. Aber auch noch unter einem anderen Aspekt erscheint die Zahl hundertvierundvierzig in diesem Zusammenhang interessant und bemerkenswert. In der Offenbarung des Johannes wird beschrieben, wie die Erde ihrem Untergang entgegengeht. Nur jene Menschen sollen gerettet werden, die vorher ‚versiegelt', d. h., die vorher gekennzeichnet wurden, so dass die große Katastrophe, die Reinigung der Erde, an ihnen vorbei ziehe, da sie unter dem Schutze Gottes stehen:

»Und ich hörte die Zahl derer, die versiegelt wurden: hundertvierundvierzigtausend, die versiegelt waren aus allen Stämmen Israels:« (Die Offenbarung des Johannes 7,4)

Tolkien war tief verwurzelt im christlichen Glauben. Die Religion gab ihm Halt und Sicherheit, als seine Mutter, die ihn, selbst tief gläubig, an den sonst in England nicht sehr starken Katholizismus heranführte, im Alter von vierunddreißig Jahren starb und er im Alter von zwölf Jahren zum Vollwaisen wurde. Ein katholischer Pater und Freund der Familie wurde zum Vormund für Tolkien und seinen Bruder bestimmt. Demzufolge kann die Kenntnis solcher bibelbezogener Motive allein schon aus seiner Erziehungsumgebung unterstellt werden, unabhängig davon, dass er als Philologe die Bibel ohnehin als Grundlagenliteratur sehr gut gekannt hat, da sie als Buch der Bücher einen grundlegenden Einfluss auf die Kulturgeschichte hatte. Tolkien lässt sogar in einem Brief aus dem Jahr 1953 an einen befreundeten Jesuiten die Bedeutung der Religion für sein eigenes Werk anklingen, obgleich er einen offenen, unmittelbar *sichtbaren* Einfluss zurückweist:

»Der *Herr der Ringe* ist natürlich ein von Grund auf religiöses und katholisches Werk; unbewusstermaßen zuerst, aber bewusst im Rückblick. Deshalb habe ich so gut wie nichts hereingebracht, oder vielmehr alles weggelassen, was auf irgend etwas wie „Religion" hinweisen könnte, auf Kulte oder Bräuche in der imaginären Welt. Denn das religiöse Element ist in die Geschichte und ihre Symbolik eingelassen.«[50]

Offensichtlich findet sich im *Herrn der Ringe* oder dem *Hobbit* kein Hinweis auf eine religiöse Tradition, religiöse Riten oder Orte, an denen religiöse Praktiken oder Zeremonien durchgeführt werden. Die dargestellten Gesellschaften und die in ihr lebenden Gestalten legen demnach oberflächlich eine auffallende *Religionslosigkeit* an den Tag. Jedoch verbirgt sich auch der Einfluss der Religion tief im Text selbst. So deutet sich anhand der Verbindung zur Offenbarung des Johannes Tolkiens Umgang mit Intertextualität an,

d. h. der Bezug auf andere Texte, in diesem Fall die Bibel. Wenden wir uns an dieser Stelle wieder Bilbo und seiner Geburtstagsgesellschaft zu, kann man nun Bilbos kleine Geburtstagsgesellschaft von einhundertvierundvierzig Hobbits, die ja aus allen Familien und unterschiedlichen Stämmen der Hobbits zusammengekommen sind, als ‚versiegelte' Gesellschaft bezeichnen an denen die große Dunkelheit Saurons und seine Macht der Zerstörung, anschaulich dargestellt durch die apokalyptischen schwarzen Reiter, vorbeizieht. Die Schwarzen Reiter sind sicherlich auch durch die vier apokalyptischen Reiter aus der Offenbarung des Johannes angeregt und können hier gleichermaßen als ihre Versinnbildlichung verstanden werden.

Tatsächlich spiegelt nun das Auenland einen solchen Schutzraum wider, da es bisher vor den Augen des Dunklen Herrschers verborgen war und von den Waldläufern vor weiteren Feinden beschützt wird. Auch im weiteren Verlauf des Abenteuers bleiben die meisten Hobbits, die Gefährten ebenso wie die zurückgebliebenen, vor Unheil bewahrt. Insofern gibt Tolkien dem kundigen Leser eine Vorahnung oder Vorausschau an die Hand, was letztendlich den Hobbits zustößt oder eben nicht zustößt.

Die Häufung, mit der Bezüge zur Offenbarung des Johannes zutage treten, schließt einen Zufall aus. Ein weiteres Indiz dafür, dass Tolkien an dieser Stelle des *Herrn der Ringe* auf die Offenbarung des Johannes als Subtext anspielt, ist das Feuerwerk, welches Gandalf zum Geburtstag inszeniert.

Am Schluss dieses Feuerzaubers erhob sich

»ein rotgoldener Drache – nicht in Lebensgröße, aber fürchterlich naturgetreu; sein Rachen spie Feuer, seine Augen starrten nach unten; ein Brüllen hob an, und dreimal schwirrte er über die Köpfe der Menge hinweg.«[51]

Im Vollzug der großen Apokalypse, die in der Offenbarung des Johannes beschrieben wird, findet sich ebenfalls ein Drache als Zeichen für das Böse und die bevorstehende Zerstörung, so wie Gandalfs Drachen den unbedarften und gutgläubigen Hobbits ein Zeichen für die bevorstehende Gefahr und Bedrohung darstellen soll:

»Und es erschien ein anderes Zeichen am Himmel, und siehe, ein großer, roter Drache, der hatte sieben Häupter und zehn Hörner und auf seinen Häuptern sieben Kronen, und sein Schwanz fegte den dritten Teil der Sterne des Himmels hinweg und warf sie auf die Erde.« (Die Offenbarung des Johannes 12, 3-4)

Obwohl bekanntlich die Geschichte bei Tolkien einen anderen Verlauf nimmt als die apokalyptischen Schilderungen des Johannes, ist eine Entlehnung der oben beschriebenen Aspekte offenkundig und kaum von der Hand zu weisen. Allerdings endet ja auch der *Herr der Ringe* nicht mit einem strahlenden Ende, sondern hinterlässt beim Leser eine Melancholie und eine gewisse Schwermut; das Böse scheint nur ein weiteres Mal zurückgewiesen, aber nicht auf ewig aus der Welt verbannt. Dergestalt entfernt sich Tolkiens Ende der Geschichte zwar zunächst von der Apokalypse des Johannes und der *Ragnarök*, der Götterdämmerung, der Vernichtung der Götter bzw. dem Weltuntergang der Germanen, dennoch hinterlässt sein Ende den Leser ebenfalls mit einer dunklen Ahnung für die Zukunft. Auch hier verbindet Tolkien christliche und altnordische Traditionen, denn beide

kennen bzw. kannten einen letzten Tag, an dem ein entscheidender Kampf zwischen den Mächten des Guten und des Bösen ausbricht und Zerstörung über die Menschen bringt.
Der Leser bekommt nun durch das Auftreten des Drachens im Feuerwerk eine Vorahnung für die anstehenden Gefahren, auf die er im weiteren Verlauf zusammen mit den Hobbits und den Gefährten stoßen wird. Zusätzlich passt der Drache auch in den Kontext von Bilbos früheren Abenteuern, so dass Leser, die zuvor den *Hobbit* gelesen haben sollten, eine Anspielung vonseiten Gandalfs auf Bilbos Abenteuer mit dem Drachen Smaug vermuten.
Weiterhin finden sich in der Johannesoffenbarung einige Stellen, die Tolkien zumindest bei der Gestaltung von Figuren oder Begebenheiten angeregt haben dürften. Auf die unterschiedlichen Einflüsse, die in die Konzeption Gandalfs eingeflossen sind, ist schon weiter oben eingegangen worden. Tatsächlich mag der Gestaltungspunkt „Gandalf als Reiter auf Schattenfell" durch die Johannesoffenbarung beeinflusst worden sein.

»**Der Reiter auf dem weißen Pferd**
Und ich sah den Himmel aufgetan; und siehe, ein weißes Pferd. Und der darauf saß, hieß: Treu und Wahrhaftig, und er richtet und kämpft mit Gerechtigkeit. Und seine Augen sind wie eine Feuerflame,« (Die Offenbarung des Johannes, 19,11-12)

Schlussendlich vermag auch der *Pfad der Toten,* auf dem Aragorn wandelte und eine Heerschar von Toten hinter sich vereinigte und in der Stunde der höchsten Not die Korsaren von Umbar mit ihrer Hilfe vernichtete, auf das Totenreich verweisen, welches bei Hesekiel (32, 17-32) und in der Offenbarung des Johannes (1,18; 20,13) beschrieben ist. Dort ist es ein unterirdischer Aufenthaltsbereich der Verstorbenen, die dort in schattenhafter Weise weiterleben und warten bis zu ihrer Auferstehung.

Zahlen sind in der heutigen Zeit für die meisten Menschen nur noch eine schlechte Erinnerung an einen verkorksten Mathematikunterricht, und ihre Bedeutung ist zumeist nur dann von Bewandtnis, wenn es um die nächste Gehaltserhöhung, um die Höhe der Tilgungsrate des Autokredites oder um die Umrechnung von einer Währung in eine andere geht. Tatsächlich jedoch hatte die Zahl und ihre Relation zu anderen Zahlen oder zu spezifischen Ereignissen in den verschiedensten Kulturen eine besondere, häufig sogar eine sakrale Bedeutung, so dass man mit einer Zahl etwas Besonderes hervorheben oder auch abwerten konnte.

Schon seit Jahrtausenden hat die Menschen das Gebiet der Zahlenmystik und -magie fasziniert. Die immer wiederkehrenden Veränderungen in der Natur, Jahreszeitenwechsel, Auf- und Untergang der Sonne und des Mondes, der Sternenhimmel usw. haben die Menschen spüren lassen, dass den Zahlen, mit denen man diese Veränderungen in der Natur beschreiben konnte, etwas Geheimnisvolles und Mysteriöses innewohnt. Die Menschen waren überzeugt, dass, wenn man in der Lage war, eine Zahl und ihre innewohnenden Kräfte zu kennen, man sich dieser geheimnisvollen Kraft bedienen kann, um damit zu zaubern oder seinen Gebeten eine verstärkende Wirkungskraft zu verleihen. Die Kenntnis dieser geheimen Bedeutungen der Zahlen spiegelt sich nicht nur im Volksglauben, sondern auch in der hohen Literatur wider und kann in der mittelalterlichen Architektur und in der Musik, in der die Harmonie der Welt eingefangen ist, ebenfalls entdeckt werden.[52] Nun baut die Beschäftigung mit den Zahlen und ihren Eigenheiten in unserem jüdisch-christlichen Kulturbereich weitgehend auf den von den Pythagoräern hervorgebrachten Grundlagen auf. Im Mittelpunkt dieser Denkrichtung stand die Idee der Ordnung, d. h. der mathematischen Ordnung, der musikalischen Ordnung, der Ordnung des Kosmos und letztlich der sozialen und ethischen Ordnung.

Das mittelalterliche Denken war erfüllt von Zahlensymbolik, und die Kirche machte großen Gebrauch davon, da doch in der Bibel stand, dass alle Dinge in Maß, Zahl und Gewicht geordnet seien. Nichts konnte und durfte im Universum ungeordnet sein. Die Zahlen sind, wie Augustinus, der große Kirchenlehrer und Bischof von Hippo (354-430), einmal betonte, die »in der Welt selbst präsente Form der Weisheit Gottes, die vom menschlichen Geist erkannt werden kann.«[53] So war beispielsweise die Sechs für Augustinus die numerus perfectus, in Anlehnung an die sechs reinen Schöpfungstage der Welt, da sie als erste Zahl die Summe der ganzen Zahlen bildet, durch die sie selbst geteilt werden kann (1+2+3=6). Augustinus war der Überzeugung, dass die Zahl der Schöpfungstage nicht rein zufällig von Gott gewählt wurde, sondern dass vielmehr das Gesetz der Zahl in einem inneren Bezug zur Schöpfungsweisheit steht und folglich mit dem Wesen alles Geschaffenen verbunden ist.

So gehörte denn auch die allegorische Deutung der Zahlen im Mittelalter zur Auslegung der Sprache Gottes in Schöpfung, Geschichte und Schriftoffenbarung. Dergestalt setzte dies eben die Überzeugung voraus, dass den Zahlenverhältnissen in der von Gott geschaffenen Welt, den Daten der Heilsgeschichte und dem Gebrauch der Zahlen in der Bibel ein geheimer Sinn zu eigen sei, den allegorische Auslegung aufdecken könne. Von der christlichen Antike bis zum Mittelalter wurde der Zahl auf diesem Weg eine besondere Wertschätzung zuteil, da sie als Zeichen einer von Gott gestifteten Wahrheit verstanden wurde. Gott gibt durch seinen unergründlichen Entwurf und seine Verwendung der Zahlen einen flüchtigen Einblick in die Geheimnisse der Schöpfung, die von den Menschen durch Zahlenauslegung erkannt werden kann.[54]

Die Harmonie der Zahlen drückte sich auch in der Architektur oder der Musik aus. Die mittelalterliche Musiktheorie kannte und fußte auf der *musica mundana*, der mathematischen Harmonie der Welt, wie bereits weiter oben erwähnt. Gerade die mittelalterliche, noch mehr aber die Renaissance-Musik wandte, sich den heiligen und mystischen Zahlen zu. Zum Ausdruck kommt dies in der Verwendung der Kanontechnik, in der Anzahl der verwendeten Stimmen oder in den Noten des Basso continuo, wobei die Drei – als Dreiklang oder dreistimmiger Chor – natürlich vor allem auf die Trinität bezogen war, während die Sieben oft bei Kompositionen zu Ehren der Jungfrau Maria genutzt wurde, als Sinnbild für ihren heiligen Charakter. In der Architektur lässt sich die Bedeutung der Zahlen ebenfalls ablesen. Die Konzeption vieler romanischer Bauwerke gründet auf geometrischen Regeln und arithmetischen Konstruktionen, in denen der symbolische Baugedanke auf die Verkörperung der Ordnung des Universums zielte. Auch die Zahlen der vermeintlich nur zu dekorativen Zwecken verarbeiteten Blätter, Linien, Blumen, Knospen usw. sind gewollt und berechnet.

Die Gotik hat die Verarbeitung von symbolischen Zahlen bis ins Äußerste gesteigert. Das zeigt sich besonders deutlich an der Anzahl der Statuen und Arkaden oder an den genau berechneten Maßen der Figuren, ja selbst jede kleinste Fens-

terrose war berechnet und in ein übergeordnetes, symbolisches Zahlenverhältnis eingearbeitet.
Diese Zahlenallegorie war weit bis ins 18. Jahrhundert verbreitet und wurde in der Musik in besonderem Maße von Johann Sebastian Bach verwendet, dessen späte Repräsentationswerke oft als musikalische Mathematik bezeichnet wurden, da er die unterschiedlichen Möglichkeiten, bedeutungsvolle Zahlen zu verwenden, voll ausschöpfte. Aber auch in der deutschen Klassik und Romantik war die Anwendung eines solchen zahlenmystischen Zusammenhangs weit verbreitet, beispielsweise bei Goethe, Schiller, Novalis oder im 20. Jahrhundert bei Thomas Mann.[55]
Der Philosoph und Universalgelehrte Gottfried Wilhelm Leibniz (1646-1716) sah in dem von ihm entwickelten binären Zahlensystem, das alle Zahlen nur durch Nullen und Einsen darstellt und heute in jedem Computer seine Anwendung findet, ein Symbol für die Schöpfung. »Er stellte sich vor, dass die Eins Gott darstellt und die Null die Leere, dass das Höchste Wesen aller Wesen aus der Leere zog, ebenso wie Eins und Null alle Zahlen seines Zahlensystems ausdrücken.«[56]
Das mittelalterliche Verständnis der *mysteria numerorum* fand im Übergang zur Moderne sein Ende, als die Naturwissenschaften den Schöpfungsbegriff veränderten und eine neue Sicht von Beginn, Verlauf und Ziel der Geschichte offenbart wurde und die Anfänge der historisch-kritischen Philologie die Bibelhermeneutik unter neuen Vorzeichen bewertete. Losgelöst von ihrem Bezug zur Bibel, wanderten die Zahlen zurück zu ihrem angestammten Platz, zur Mathematik und den mathematischen Wissenschaften. Aber auch hier erhielten sie einen fast sakralen Charakter, indem eine durch und durch wissenschaftlich-mathematisierbare Welt in

allen Lebensbereichen zu einem greifbar nahen Ideal wurde, was die heutige Bevorzugung des Quantifizierbaren gegenüber dem Qualifizierbaren eindrucksvoll bestätigt.
Aber auch heute noch gibt es einige Zahlen, die im Alltag mit einer besonderen Bedeutung behaftet sind, obwohl niemand eine offensichtliche Erklärung hierfür hat. So verhält es sich mit der Dreizehn. Offenkundig ist sie für die meisten Menschen als Unglückszahl bekannt, und tatsächlich gibt es Fluggesellschaften, bei denen es keinen Platz mit der Sitznummer 13 gibt, da immer wieder Menschen diesen Platz verweigern. Auch Hotels haben bisweilen kein Zimmer mit der Nummer 13, sondern nur ein Zimmer 12a und umgehen so möglichen Beschwerden allzu abergläubischer Menschen.
Nun hat Tolkien den Hobbit Bilbo Beutlin mit einer Gruppe von dreizehn Zwergen auf den Weg zu seinen Abenteuern geschickt, und dies ist, wie sich zeigen wird, kein Zufall, sondern eine Andeutung oder ein Hinweis auf das Schicksal der Gruppe im Verlauf ihres Abenteuers. Dieser Zusammenhang wird plausibel, wenn man sich zunächst fragt, woher eigentlich dieser Aberglaube in Bezug zur Zahl Dreizehn kommt und wodurch er sich über Jahrhunderte ins Bewusstsein der Menschen festsetzen konnte. Folgen wir also der Geschichte der Zahl Dreizehn, den dreizehn Zwergen und unserem Hobbit, um zu sehen, was es mit der Dreizehn auf sich hat.

~ Von 13 Zwergen und einem Hobbit ~

Im Laufe der Jahrhunderte wurde die Zahl 13 immer mehr zu einer Unglückszahl. Beispielsweise stammt der Aberglaube, dass sich nicht 13 Personen an einen Tisch setzen sollten aus dem 17. Jahrhundert. Es gibt tatsächlich viele Beispiele für die 13 als Unglückszahl. Die Geschichte dieser Abneigung und die Entstehung dieses Aberglaubens gehen zunächst zurück auf das letzte Abendmahl Jesu mit seinen zwölf Jüngern. Einer aus der Gruppe, nämlich der Dreizehnte, verrät Jesus und führt so seinen Tod herbei. Gerade dieses Symbol, dass einer aus der Gruppe von dreizehn sterben wird, ist ein wesentlicher Aspekt für die Dreizehn als Unglückszahl. Aber die negative Rolle der Dreizehn wurzelt weitaus tiefer in unserer Kultur. So ist sie eine Zahl, die ein geschlossenes System überschreitet, in diesem Fall die Zwölf. Die Zwölf gilt als der geschlossene Kreis – und in einem duodezimalen Zahlensystem ist sie die Basiszahl –, ihre Bedeutung hängt in erster Linie mit den zwölf Zeichen des Zodiakus (Stern- bzw. Tierkreiszeichen) zusammen. Die meisten alten Kulturen haben das Jahr in zwölf Monate eingeteilt, und die zwölf Tierkreiszeichen des Altertums haben eine Menge Mythen und Märchen beeinflusst, in denen Gruppen von zwölf Helden, Göttern oder Persönlichkeiten wichtige Aufgaben oder Abenteuer zu vollbringen haben. Auch Zeitspannen von zwölf Stunden, Tagen oder Jahren wurden in diesem Zusammenhang als vorgegebene Zeit erwähnt. In der Bibel stellt die Zwölf geradezu ein Leitmotiv dar: Die zwölf Stämme Israels, die zwölf Apostel, zwölf kleine Propheten, zwölf Edelsteine auf dem Brustschild des Hohenpriesters, die im Alten Testament vorkommenden zwölf Wasserbrunnen, die zwölf Fürsten oder die zwölf Jünger Jesu, sie alle verdeutlichen die Wichtigkeit und positive Belegung dieser Zahl. Demnach hat das Zwölfersystem das menschliche Denken in vielerlei Hinsicht beeinflusst. Man spricht von einem Dutzend oder einem Gros, und das traditionelle englische Maß- und Gewichtssystem beruht auf Zwölfereinheiten, obwohl sich auch hier das Dezimalsystem weitgehend durchgesetzt hat.[57] Die Zwölf bildet ein abgeschlossenes System, einen Kreis. Kommt eine weitere Person oder ein Element hinzu, so wird der Kreis durchbrochen. Die Kombination 12 plus 1 finden wir in vielen rituellen oder symbolträchtigen Gruppen. Dieses zeigt sich nicht nur bei Jesus und den zwölf Jüngern, auch die Ritter von König Artus Tafelrunde oder der skandinavische Anführer Rollo und seine Krieger bildeten eine Gruppe von dreizehn, in der einer von ihnen Zwietracht sät oder sogar sterben muss. Übrigens hat sich Tolkien an einer Stelle in einem Brief über Zahlwörter ausgelassen, allerdings ohne etwas zur Auswahl derselben zu sagen. Aber es wird seine Beschäftigung mit dieser Materie deutlich und es geht um das 12er-Zahlensystem:

»Zu den Zahlwörtern: Die Verwendung des Duodezimalsystems, besonders solcher Hauptzahlen wie 12 und 144, hat nichts über die Zahl der Finger zu besagen. Die Engländer verwenden auch das Zwölfersystem und haben besondere Wörter für seine Zahlen, nämlich *dozen* und *gross*. Die Babylonier verwendeten das Duodezimalsystem. Dies kommt von der elementaren mathematischen Entdeckung, sobald man über das Abzählen an den Fingern und Zehen einmal hinaus ist, daß 12 eine sehr viel bequemere Grundzahl ist als 10. Ich hatte in der Tat Zahlzeichen entworfen, die zum Feanorischen Alphabet paßten und sowohl auf die dezimale wie auf die duodezimale Nomenklatur abgestimmt werden konnten, habe sie aber nie verwendet und daher nicht mehr genau in Erinnerung. Ich fürchte, die Mappe mit den Zahlensystemen ist nicht greifbar und möglicherweise in einem Tresor verwahrt.«[58]

In der nordisch-germanischen Götterwelt zeigt sich ebenfalls das Motiv der 12 plus 1. Man findet hier den Gott Loki, die wohl vielschichtigste, aber auch negativste Gestalt des germanischen Pantheon. Loki selbst tritt häufig sehr ambivalent auf, ist Gott und Teufel in einer Person. Tatsächlich

Loki in einer isländischen Schrift des 18. Jahrhunderts.

ist er der dreizehnte Gott im zentralen Göttergeschlecht der Nordgermanen. Er galt als schön und anmutig, jedoch böse

von Gemütsart und unbeständig in seinem Wesen. Oft brachte er die anderen Götter in arge Bedrängnis und Verlegenheit, rettete sie allerdings häufig auch durch seine List aus schlimmen Notlagen. Mehr und mehr kehrt sich aber seine dunkle Seite hervor. Er schleicht unter den anderen Göttern umher, stiftet Unheil und Verderben und führt die von seinem boshaften Rat Getäuschten in ein immer größeres Verhängnis. Leidtragender dieses falschen Spiels ist der reinste und sittlichste Gott unter ihnen, der Gott Balder, Sohn des obersten Gottes Odin. Loki wird zwar verstoßen und eingesperrt, doch durch Balders Tod ist das geistig-sittliche Weltgesetz aufgelöst. Das Weltende, das germanische Ragnarök naht, ausgelöst durch die entfesselten Naturkräfte. Loki gelingt es, sich aus seiner Gefangenschaft zu befreien und zieht schließlich selber an der Spitze der Zerstörung der Welt voran, die er vormals mit aufgebaut hat, als er noch rein und gemäßigt unter den himmlischen Göttern weilte. Lokis Wandlung von einem Gott zum Teufel und seine Feindschaft zum Lichtgott Balder trägt Ähnlichkeiten und Aspekte des Falles Lucifers in der christlichen Gotteslehre, wobei man tatsächlich der Meinung sein kann, dass Loki das Gegenstück Lucifers in der nordischen Göttersage und Weltlehre darstellt.[59]
Diese Verbindung deutet weiterhin auch auf Melkors Fall in Tolkiens Schöpfungsmythos hin, der ja auch zunächst ein Gott unter Göttern war, aber dann zunehmend von Neid und Machtstreben ergriffen wurde und so letztlich zu einem gefallenen Engel wurde.
Nun findet sich auch im Beowulf-Epos, der für Tolkien einen besonderen Stellenwert hatte und viele Anregungen für ihn und seine Arbeiten enthielt, der Grundgedanke einer Gruppe von 12 plus 1. Beowulf war eine germanische Figur,

die zum Helden wurde, da sie zwei Seeungeheuer tötete. Die Geschichte spielt in Dänemark.

Die grausame Kreatur Grendel bedrohte den Hof des Königs Hrothgar und verschlang Nacht für Nacht einige seiner schlafenden Krieger. Beowulf, ein Besucher des Hofes, stellte sich Grendel zum Kampf, und obwohl dieses Wesen

Beowulf und der Drache

nicht durch Waffen zu verwunden war, packte Beowulf es und hielt Grendel in einem mächtigen Griff gefangen.
Nur unter Verlust seines Armes, der herausgerissen wurde, konnte sich Grendel befreien und verblutete schließlich in einem nahegelegenen See. Die Bedrohung schien nun vorüber, aber Grendels Mutter, noch scheußlicher und grausamer, nahm Rache und fraß des Nachts weitere schlafende Krieger. Beowulf folgte ihr und tötete auch sie schließlich mit einer Zauberwaffe, die er im Wasser gefunden hatte. Zurück in seiner Heimat in Südschweden, griff zum Ende seiner Herrschaft als König ein Drache das Königreich an. Beowulf zog mit zwölf Gefährten aus, um den Drachen zu töten. Binnen Kurzem aber war er auf sich allein gestellt, konnte aber dennoch den Drachen schlussendlich töten, obgleich er hierbei tödlich verwundet wurde und starb. Auch hier zeigt sich also das Motiv von 12 plus 1, wobei zumeist der Anführer der Gruppe sein Leben lassen muss.
Dieses Thema ist tief in unserem Kulturkreis verwurzelt, was sich mitunter daran zeigt, dass es ein wiederkehrendes Motiv in vielen Märchen ist. Im *Dornröschen* Märchen wird die Spannung durch die Rachsucht der dreizehnten Fee vorangetrieben, ebenso wie in dem Märchen *Die zwölf Brüder*. Hier droht der König, alle zwölf Söhne umzubringen, wenn das dreizehnte Kind ein Mädchen werden sollte. Auch in dem christlichen Märchen *Marienkind* findet sich eine abgewandelte Form der „bösen Dreizehn“. Die Jungfrau Maria nimmt die kleine Tochter eines armen Holzhackers zu seiner Entlastung in den Himmel. Als das Mädchen herangewachsen ist, überreicht Maria dem Mädchen für die Zeit ihrer Abwesenheit die Schlüssel zu den dreizehn Türen des Himmelreiches zur Verwahrung, allerdings unter der Bedingung, dass sie die dreizehnte Tür nicht öffnen dürfe. In jeder Kam-

mer findet sie einen Apostel, jedoch in der ominösen und verbotenen dreizehnten Kammer, die sie verbotenerweise öffnet, die Dreieinigkeit in Feuer und Glanz. Ihr Ungehorsam wird entdeckt, sie wird zurück auf die Erde verbannt und zudem ihrer Sprache beraubt. Ein König findet und heiratet sie. Bei der Geburt ihres ersten Kindes erscheint ihr Maria und verlangt ein Geständnis. Die Königin leugnet und Maria nimmt daraufhin das Kind mit. Noch zweimal wiederholt sich dieser Vorgang, bis die Minister bei dem Verschwinden des dritten Kindes verlangen, dass die Königin als Menschenfresserin verbrannt werde.

Erst auf dem Scheiterhaufen gibt sie voller Reue ihre Untat zu, worauf ein Regen das Feuer löscht und sie von der Jungfrau Maria ihre Sprache und Kinder zurückerhält.[60] So manifestiert sich die Dreizehn also auch im Märchen als Un- bzw. Unglückszahl. Wenden wir uns nun dem Hobbit und Bilbos Begleitung zu, den dreizehn Zwergen, so finden wir hier ein ähnliches Motiv, da auch *Der Hobbit* viele Züge eines Märchens aufweist, obgleich es doch mehr oder anders ist als ein reines Märchen, was allein schon der für ein Märchen doch recht üppige Seitenumfang des Werkes verdeutlicht.

Das Buch *Der Hobbit* ist eigentlich als ein Märchen- bzw. Kinderbuch konzipiert, wenngleich dieser Umstand bis heute zu Kontroversen führt und bisweilen bestritten wird. Tatsächlich schrieb Tolkien den *Hobbit* in einer Zeit, als er für seine Kinder unterhaltsame abendliche Geschichten und Märchen erfand. In seinem Ablauf folgt er anfänglich offenbar den traditionellen Aspekten eines Märchens. So steht im Märchen am Anfang häufig eine abenteuerliche Wanderung eines Helden, an deren Ende eine Kostbarkeit oder eine Tugend oder beides gewonnen wird. Und der siegreiche Held ist zumeist ein einzelner besonderer Mensch, so wie Bilbo ihn als Hobbit darstellt. Der Held betritt auf seiner Heldenfahrt das Land von Gegnern, Feinden oder Dämonen, die sich ihm in den Weg stellen und die er häufig nur mit Hilfe von Freunden oder Fremden besiegen kann.

»Der Märchenheld, und wenn er ein Drachentöter ist, wird immer wieder als ein Hilfsbedürftiger gezeigt, oft zunächst als ein Hilfloser. Als ein Hilfloser, der sich weinend auf den Boden setzt, weil er nicht weiter weiß. Der Märchenheld ist ein Mangelwesen. Er hat keine spezifischen Fähigkeiten, ist nicht von Hause aus für spezielle Aufgaben ausgerüstet.«[61]

Tatsächlich ist der Märchenheld ein Wandernder und Täter, weniger ein Forscher oder Philosoph, der die tiefgreifenden Zusammenhänge der Welt und der Macht aufzudecken trachtet. Er erforscht nicht die Welt oder sein Ich, sondern er handelt einfach, ohne viel zu überlegen oder genau zu wissen, was er tun soll; er handelt und tut hierbei immer das Richtige. Diese kurze Beschreibung eines typischen Märchenhelden zeigt, dass Bilbo viele Ähnlichkeiten mit einem Märchenhelden hat. Dennoch beinhalten *Der Hobbit* im Allgemeinen und Bilbo als Held im Besonderen einiges mehr als reine Märchenaspekte, denn sie sollen den Weg in die Welt und in die Köpfe der Menschen für Tolkiens Mythologie ebnen. Es war nämlich die phantastische Ordnung des *Silmarillion*, die Tolkien half, auch einfachere, übersichtlichere Geschichten zu erfinden. So war zunächst *Der Hobbit* nur eine abwechslungsreiche Erzählung unter anderen, die er austüftelte. Doch später bemerkte er, dass diese Geschichte eine grundlegende und entscheidende Rolle in seinem Mythologiekonzept spielen sollte und quasi als Bindeglied fungieren konnte. Tatsächlich sind die Hobbits als Rasse zunächst eine dem *Silmarillion* und Mittelerde fremde Art und tauchen erstmalig in *Der Hobbit* auf, wobei dann im *Herrn der Ringe* die Genealogie und Geschichte ihres Volkes nachgereicht wird.

Nun ist die Verquickung von märchenhaften, kindlichen, teilweise sogar kindischen Passagen und sehr gewalttätigen und auch hintersinnigen Abschnitten tief im Text des *Hobbits* verborgen. Die Leichtigkeit von Tolkiens Erzählstil in *Der Hobbit* verdeckt an einigen Stellen die dunklen Augenblicke und die eigentliche Tiefe der Erzählung. Gerade im letzten Abschnitt, in dem die komplexen Moral- und Gerechtigkeitsvorstellungen der Geschichte aufgezeigt werden, verlässt die Darstellung den Bereich der Kindererzählung, die zuvor im Stile eines Märchens begonnen hat. Hier wird schon auf eine dunklere Seite wie Gier oder Macht angespielt, die erst im *Herrn der Ringe* gänzlich ausgearbeitet wird. »Auf den ersten Blick ist *Der Hobbit* im Stil einer Kindergeschichte geschrieben worden. [...] Aber Tolkien spricht viele dunkle und schwere Themen an, die für die Kinder zunächst unentdeckt bleiben mögen, jugendlichen oder erwachsenen Lesern aber auffallen.«[62]

Tolkien schöpft nicht nur aus dem Repertoire des Märchens, sondern verknüpft märchenhafte Aspekte mit Leitgedanken aus den Heldenliedern. Als Gandalf der Zauberer und dann nach und nach die dreizehn Zwerge bei Bilbo dem Hobbit auftauchen, liest sich dies sicherlich wie ein Märchen. Thorin und seine Gefährten erscheinen zunächst wie Zwerge aus den bekannten Märchen der Gebrüder Grimm. Man verbindet mit ihnen Gold, Silber, Diamanten und allerlei andere Schätze, außerdem gelten die Zwerge bei Tolkien ebenfalls als größte Meister der Schmiedekunst unter der Sonne oder besser unter der Erde. In dieser Form treten sie vor allem auch in den nordischen Überlieferungen auf oder auch in der Sage von Wieland dem Schmied, der bei den Schmiedemeistern unter den Zwergen Elberich und Goldmar die hohe Kunst des Schmiedens erlernte. In *Der Herr der Ringe* erhalten die Zwerge eine Tolkien eigene Charakteristik. Sie bilden eine eigene Rasse mit einer umfangreichen Geschichte und einer eigenen Sprache, dem Khuzdul. Allerdings hat Tolkien schon im *Silmarillion* den Schöpfungsakt der Zwerge beschrieben. Sie wurden nach den Legenden der Elben von dem Vala Aule erschaffen, d. h. nicht von dem *Einen* Ilúvatar und werden folglich auch nicht zu seinen Kindern gezählt so wie die Menschen oder die Elben. Am Rande sei erwähnt, dass in der nordisch-germanischen Überlieferung die Götter die Zwerge aus den Maden der Eingeweiden des toten Urzeitriesen Ymir erschaffen haben.

Somit sind die Zwerge nun nicht erst eine Erscheinung in *Der Hobbit* und erhalten nicht erst in *Der Herr der Ringe* eine konkrete Fassung, sondern sind schon weitaus früher von Tolkien kreiert worden. Besonders bei der Namensgebung der dreizehn Zwerge offenbart Tolkien sein Wissen um die schier unerschöpflichen Quellen der altnordischen Mythologie. Denn die Namen aller Zwerge entstammen einer Liste aus der *Edda*, die als *Dvergatal* bezeichnet wird. Aber auch andere Namen aus dieser Liste hat Tolkien verwendet, zum Beispiel Dain, Thrór oder Thrain, Thorins Vater.[63] Vor allem nutzte er auch den Namen Durin, der bei Tolkien bekanntermaßen der älteste der Sieben Väter der Zwerge ist. In der germanischen Mythologie war Durin (auch Durinn) der Mächtigste unter den Erdzwerge und von besonderer Kunstfertigkeit. Aber einen Zwergennamen aus der *Edda* hat sich Tolkien für jemand anderen aufbewahrt. Es ist Gandalf der

Zauberer. In dem Eddalied Völuspá heißt ein Zwerg Gandálfr, was auf altnordisch soviel bedeutet wie »der zauberkundige Albe«. Außerdem heißt das wunderbare, zauberhafte und übernatürliche Fortbewegen von Zauberern auf altnordisch gandr, gaandar oder gandreid, das auch als Geisterritt bezeichnet wurde. In der Tat passt diese Umschreibung auch auf Gandalf, der mit seinem Pferd Schattenfell, welches sich mit einer fast übernatürlichen Schnelligkeit und Leichtigkeit bewegt, häufig wie aus dem Nichts erscheint und genauso schnell wieder verschwindet. Überdies bezeichnete das Wort *gandar* Schutzgeister oder allgemein Geister. Im Deutschen begegnet uns *Gand* in alten Försternamen wie Ganthar, Gantfrid oder Gantrith und in den nordischen Namen Gandalfr oder Gantfrid. Obgleich der genaue Ursprung dieses germanischen Wortes unsicher sein mag, ist die Bedeutung „Zaubergegenstand" und „zauberhaftes Wesen" sicher.

Auf Gandalfs Empfehlung finden sich nun Thorin und seine Gefährten bei Bilbo ein. Bei ihrer Ankunft erscheint ihr Verlangen nach Bewirtung durch Bilbo auf den Leser reichlich dreist und unverfroren, aber bei den Germanen war dies eine gebräuchliche Sitte. Bei den Germanen wurden große Veränderungen im Leben grundsätzlich durch festliche Gelage eingeleitet.[64] Und Bilbo stehen ohne Zweifel umwälzende Erlebnisse und Veränderungen bevor. Zuvor noch ein unbescholtener, gutbürgerlicher Hobbit und überhaupt nicht auf Abenteuer aus, wird er zu einer zentralen und leitenden Figur, nicht für Thorin und die Zwerge, sondern darüber hinaus auch für Tolkien selbst, da er ja mit Bilbo das Bindeglied zwischen der Mythologie im *Silmarillion* und den abenteuerlichen Geschichten im *Herrn der Ringe* gefunden hat. Bilbo stehen just große Veränderung ins Haus, insofern darf das beschriebene Gelage in seinem Hobbithaus nicht bloß als reine Nahrungsaufnahme gesehen werden, sondern als Vorbereitung auf einen anstehenden Wandel in seinem Leben; zudem wird Bilbo hierbei in die Gesellschaft der 12 plus 1 aufgenommen und erhält dadurch einen besonderen Platz, wie sich später noch deutlich zeigen wird.

Thorin Eichenschild tritt als König und Auftraggeber Bilbos aus der Gruppe der Zwerge hervor. Er ist ihr Anführer, wird aber zugleich auch im Laufe der Geschichte ein Gegenspieler vom Hobbit Bilbo. Der Zwerg Thorin Eichenschild ist Erbe der Reichtümer und der Königswürde des Zwergenreiches unter dem Berge und ist fest entschlossen, seinen Besitz, der seiner Familie von Smaug dem Drachen abgenommen wurde, zurückzugewinnen. Obwohl es zuerst den Anschein hat, dass er seine Unternehmung für die Rückgewinnung der Familienehre plant, so geht es ihm doch vielmehr um die unglaublichen Reichtümer, die er auf seiner Schatzsuche erlangen kann. Die Gier nach Gold ist sein eigentlicher Antrieb. In diesem Sinne stellt er den Grundtyp eines Zwergen dar. Aber seine Unternehmung ist nicht wirklich gut geplant. Als Anführer hat er sich kaum Gedanken darüber gemacht, wie man beispielsweise den Drachen bezwingen könnte oder wie man etwaige Konfrontationen mit Fremden überwindet. Von Anfang an ist diese Führungsschwäche ein Teil seiner Persönlichkeit und Teil der Geschichte unseres Hobbits.

Zunächst muss Gandalf dafür sorgen, dass Bilbo als vermeintlicher Meisterdieb mit auf die Reise genommen wird, wobei Gandalf schon früh erkannt hat, dass viel mehr an bzw. in Bilbo steckt, als der Hobbit selbst und auch die anderen vermuten. Thorin ist misstrauisch gegenüber dem Hobbit und willigt nur widerstrebend in den Vorschlag Gandalfs ein, Bilbo mitzunehmen. Gandalf deutet schon an, dass ohne Bilbo die gesamte Unternehmung zum Scheitern verurteilt ist und zwar deshalb, weil dreizehn Zwerge allein unter keinem guten Omen stehen: »Es soll mir keiner sagen, ich hätte den falschen Mann oder das falsche Haus ausgesucht, und ihr könnt euch mit dreizehn abfinden, könnt eurem Missgeschick in die Arme laufen [...]«[65] Doch sehr schnell behauptet sich der Hobbit gegenüber Thorin und übernimmt die Führung der Gruppe. Thorin selbst wird im Angesicht des Schatzes und des Arkenjuwels immer kleinlicher und geiziger und fängt an, mit den anderen um das Gold zu streiten. Tatsächlich verdeutlicht sich in Thorin der verderbliche Einfluss von Reichtum und Macht; er ist sogar bereit einen Krieg zu führen, um den Arkenjuwel in seinen Besitz zu bringen. Erst als ihn der Tod umringt, erkennt er den geringen Wert von Reichtümern und Schätzen und den hohen Stellenwert einer Freundschaft. Dann söhnt er sich mit Bilbo auf seinem Totenbett aus, tauscht Freundschaft gegen Habgier und erkennt letztendlich, wie zuvor schon Gandalf, dass vielmehr in Bilbo steckt, als es zunächst den Anschein hatte.

So stirbt Thorin Eichenschild als Anführer der Dreizehn und sein Schicksal war als solches schon vorher besiegelt. Denn er war der Anführer und der Dreizehnte in der Gruppe und somit derjenige, der den geschlossenen Kreis der Zwölf sprengt. Was aber ist es, das Bilbo in sich trägt oder an sich hat, das ihn zu einem besonderen Hobbit macht? Welchen Platz nimmt Bilbo in dieser Gemeinschaft der Zwerge ein? Es gibt einen deutlichen Hinweis von Seiten Tolkiens. Bilbo ist der Vierzehnte!

~ Bilbo der Nothelfer und die Glückszahl 14 ~

Bisher hat sich gezeigt, dass die Gruppe der dreizehn Zwerge eine Besonderheit darstellt und von Tolkien nicht nur willkürlich oder inhaltslos aufgrund ihres reinen Formelcharakters ausgesucht wurde. Denn die Zahl 13 ist, wie sich gezeigt hat, eine symbolträchtige Zahl. Aber für Tolkien hatte die Anzahl der Zwergengefährten noch einen weiteren Vorteil. Bilbo wurde hierdurch zur Nummer 14 der Gruppe und mit dieser Zahl wird die Bedeutung und auch das Wesen Bilbos auf besondere Art und Weise angedeutet und unterlegt. Tolkien gibt dem Leser des *Hobbits* sogar einen deutlichen oder sagen wir vielmehr einen hintersinnigen Hinweis auf diese Besonderheit und auf die Quellen, die ihn in diesem Zusammenhang inspirierten. Ein erster unverfänglicher Anhaltspunkt findet sich bei der Zusammenkunft in Bilbos Haus. Die Zwerge, die große Zweifel an Bilbos Fähigkeiten für ihre Unternehmung haben, werden von Gandalf darauf hingewiesen, dass er den vierzehnten Mann für diese Expedition aussuchen sollte, und er verteidigt Bilbos Befähigung gegenüber Thorin Eichenschild und den anderen Zwergen: »Es steckt eine Menge mehr in ihm, als ihr meint, und eine Menge mehr, als er selbst ahnt.«[66]

Wenden wir uns dann dem letzten Drittel der Erzählung zu, so finden wir dort einen für ‚Eingeweihte' offenkundigen Hinweis. Zunächst kehrt der Meisterdieb Bilbo nach einem erfolgreichen Versuch, den Drachen Smaug zu bestehlen, nach einiger Zeit erneut in Smaugs Höhle zurück. Fast wird er von dem Drachen entdeckt, kann aber noch rechtzeitig die Falle erspähen, die Smaug ihm gestellt hat. Nun entwickelt sich ein munteres, abwechslungsreiches Frage- und Rätselspiel. Diesem Rätselspiel begegnet man als Leser schon in der Auseinandersetzung zwischen Gollum und Bilbo. Tatsächlich ist das Rätselspiel eine sehr alte geistige

Form des Kampfes, in der man durch die Beantwortung von Fragen oder das Lösen von Rätseln bestimmte Kenntnisse oder geheimes, heiliges Wissen vorweisen musste. In mythologischen oder rituellen Texten ist dieses Rätsel zumeist ein »Halsrätsel«, das heißt, bei dieser Auseinandersetzung ist das Leben der Einsatz. Gerade in der *Edda* – in ihr findet sich die älteste germanische Rätselsammlung – spielt dieser Rätselkampf um Leben und Tod eine wesentliche Rolle. Ein solches Rätsel wird absichtlich nur in halbklarer Form dargestellt. Hierdurch wird die geistige Gewandtheit des Hörers herausgefordert. Der König Heidrek hatte einmal gelobt, jeden Rechtsbrecher zu begnadigen, der ihm – dem König – Rätsel aufgebe, die er nicht lösen könne.

Auch Bilbo spielt nun mit Gollum ein solches »Halsrätsel«, da der Einsatz sein Leben ist. Und ebenso kann man Bilbos zweite Begegnung mit Smaug in seiner Höhle sehen. Smaug versucht so viel als möglich von Bilbo über seine Unternehmung zu erfahren, umgekehrt gibt Bilbo nur durch Rätsel und vermeintlichen Nonsens Informationen an Smaug weiter. Er nennt seinen wahren Namen nicht und gibt auch keine Auskunft über seine Gefährten, sondern verbindet seine Aussagen mit den Erlebnissen und Abenteuern, die er während der Reise bis zu diesem Augenblick erlebt hat. »Ich bin der Spurenfinder, der Netzschlitzer, die stechende Fliege. Ich wurde wegen der Glückszahl genommen.«[67]

Tolkien lässt den Hobbit etwas sagen, was ihm selbst eigentlich nicht bewusst ist oder sein kann. Es ist vielmehr Tolkien selbst, der hier zu dem Leser spricht und ihm einen verdeckten Hinweis gibt und wie so oft auf sein professionelles Wissen zurückgreift, um eine besondere Verflechtung von verborgenen Bedeutungen zu entwerfen. Um welchen Hinweis könnte es sich hierbei handeln? Im weiteren Verlauf des Gesprächs zwischen Bilbo und Smaug wird dies deutlicher. Smaug erfährt durch Bilbos Andeutungen, dass er nicht allein gekommen ist, Bilbo nennt aber nicht die genaue Zahl seiner Gefährten. Dennoch errät Smaug die Größe der Gruppe: »Warum sagst du nicht gleich ‚uns vierzehn' und gibst zu, was ich sage, Mister Glückszahl?«[68] Für den alten Drachen Smaug scheint es selbstverständlich zu sein, aus Bilbos verdeckten Angaben zu seiner Person und über die Anmerkung, dass er nicht allein gekommen sei, den Schluss zu ziehen, dass es eine Gruppe von 14 ist, die ihn zu berauben und zu töten versucht. Wie kann er das wissen? Bisher hatte er die Gruppe nicht zu Gesicht bekommen, auch hatte er noch nicht alle Ponys verspeist, von denen aus er auf die richtige Gruppengröße hätte schließen können. Und warum sollte die 14 eine Glückszahl sein, wie Smaug Bilbo bezeichnet, und warum stellt sich Bilbo selbst als Nothelfer da?

In heutiger Zeit ist die Zahl 14 nicht mehr mit einer besonderen Bedeutung unterlegt wie beispielsweise die Dreizehn, die Drei oder die Sieben. Im Mittelalter war dies jedoch anders und Tolkien wusste das natürlich. Die 14 war im gesamten christlichen Mittelalter eine bekannte und besondere Zahl. Es war die Zahl der *Nothelfer*.

Im Christentum wurden, wie in anderen Religionen auch, schon sehr früh Menschen nach ihrem Tod aufgrund ihrer Glaubensstärke in besonderer Art und Weise verehrt. Es bildete sich eine Verehrung von gottergebenen Männern und Frauen, die den Menschen als Vorbilder und Fürsprecher bei Gott galten. Nun kam es im Mittelalter, in einer Zeit größter Gefahren und menschlichen Leidens durch Krankheit und Epidemien, zur Bildung einer Gruppe von Heiligen, die in besonderer Art und Weise als Helfer gesehen und angerufen wurden. Anfangs durch die Ostkirche und aus dem Orient gelangte im Mittelalter die Kunde von den unbekannten Heiligen durch Kreuzfahrer in den Westen. Es war zu jener Zeit, als die Pest, der Schwarze Tod, die Menschen über Jahrzehnte in Angst und Schrecken versetzte. Die Menschen erbaten in ihrer Verzweiflung Hilfe und Fürbitte von den Heiligen.[69]

In unseren Breitengraden lässt sich das Aufkommen der Nothelferverehrung seit dem 14. Jahrhundert beobachten. Die einsetzende Verehrung der vierzehn Heiligen findet sich dann im 15. Jahrhundert, wo sie dann als geschlossene

St. Georg tötet den Drachen

Gruppe der Nothelfer bekannt wurden. Von dieser Tradition zeugt zum Beispiel die Barockkirche Vierzehnheiligen in Franken, die dieser Gruppe ihren Namen verdankt. Die Bildung einer Gruppe von vierzehn ist nicht ein Zufall, sondern erklärt sich aus der Symbolik der Zahl. In ihr steckt die doppelte Sieben, die eine heilige Zahl ist. Dies drückt sich unter anderem in den sieben Sakramenten, den sieben Gaben des Heiligen Geistes, aber auch in profaneren Aspekten aus wie den sieben freien Künsten (den *septem artes liberales*), den sieben Tugenden oder den sieben Wochentagen. Weiterhin kam Jesus auf vierzehn Kreuzwegstationen zum Berge Golgotha.[70]

Die 14 steht somit als Symbol der Nothelfer und Heiligen, als Zeichen der mit Verstand verbundenen Barmherzigkeit und als Zeichen der Hilfe in bzw. aus der Not. Ergänzend lässt sich noch auf den Propheten Muhammad hinweisen, dessen Beiname Taha den Zahlenwert vierzehn hat und darauf hindeutet, dass er strahlend wie der volle Mond in der Dunkelheit der Welt erschien. Hier spielt zudem die Bedeutung der Vierzehn als zentrale Mondzahl eine Rolle, denn vierzehn Tage verhelfen dem werdenden Mond zu seiner ganzen Herrschaft als Vollmond.[71]

Unter diesen *vierzehn Nothelfern* bzw. Heiligen, zu denen u. a. die Heiligen Achatius, Barbara, Christopherus, Erasmus, Margarete und Katharina gehören, findet sich nun auch der heilige Georg, welcher hier eine besondere Rolle spielt. Man kann nämlich davon ausgehen, dass Tolkien bewusst auf diesen Heiligen anspielt, wenn er Bilbo darstellen lässt, dass er ein Nothelfer sei.

Natürlich hat Tolkien auch hier nicht irgendein Konzept oder eine geschichtliche Begebenheit übernommen, sondern er hat vielmehr in seiner ureigenen Art und Weise eine Verknüpfung bzw. einen Verweis auf diesen heiligen Kämpfer im *Hobbit* untergebracht, so dass man bei Erkennen dieser Verbindung das Gefühl hat, an einem Rätselspiel teilgenommen zu haben. Es zeigt sich nämlich bei St. Georg, dass er es einstmals mit einem Verwandten von Smaug zu tun hatte. In der Tat zählt St. Georg zu den herausragenden Gestalten dieser vierzehn Nothelfer. Allerdings ist über seine Lebensgeschichte kaum gesichertes Wissen überliefert, so dass die vielen Lücken in seinem Leben und das Fehlen von geschichtlichen Fakten durch zahllose Legenden und märchenhafte Überlieferungen ergänzt wurden, obgleich die geschichtliche Existenz dieses Heiligen als verhältnismäßig sicher angesehen ist. Sein Bild wurde vor allem durch eine damals bekannte mittelalterliche Legende geprägt:[72] Gregorius kam dereinst als Ritter in das Land Lybia zur Stadt Sila. Dort gab es einen See, in dem ein mächtiger, giftiger Drache sein Unwesen trieb und Angst und Schrecken verbreitete. Um sich vor dem Drachen zu schützen und ihn zu besänftigen, opferte man ihm täglich zwei Schafe. Als jedoch alle Schafe geopfert waren, brachte man ihm täglich ein Menschenopfer dar und zwar jeweils einen Mann und eine Frau. Zuletzt sollte es dann auch die Tochter des Königs treffen. Der König war jedoch hilflos und sein Kind wurde zum See gebracht. Daselbst sah St. Gregorius, was geschehen sollte und wollte der Königstochter zu Hilfe kommen. Der Drache hob schnaufend seinen Kopf aus dem Wasser und wollte das Opfer entgegennehmen. St. Gregorius erkannte die Gefahr, hob seine Lanze und stieß sie dem Drachen ins Maul. Der Drache wurde getötet und die Stadt war von dieser Bedrohung gerettet. Die Verehrung dieses Heiligen verbreitete sich durch christliche Soldaten im ganzen Römischen Reich, besonders aber im Bereich der Ostkirche. Vom Osten her drang dann diese Verehrung des Drachentöters in das Abendland.[73]

Während ihm zu Beginn nicht nur wegen dieser Tat, sondern auch durch seinen Märtyrertod Verehrung zuteil wurde, findet sich dann ab dem 11. Jahrhundert vorwiegend das Motiv des Drachenkampfes. In vielen Gemälden, Skulpturen und Plastiken wurde er so verewigt: St. Georg in Ritterrüstung tötet mit Kreuz und Lanze bewaffnet den Drachen oder die Schlange. Da er in seinem legendenhaften Leben viele dramatische Ereignisse erleiden musste, wurden im 14. und 15. Jahrhundert in der deutschen, altniederländischen und italienischen Kunst und Bildhauerei häufig ganze Zyklen zu seinem Leben gemalt oder Skulpturen angefertigt. Überhaupt waren die Heiligen ein beliebtes Motiv für die Kunst eigentlich in fast allen Zeiten. Im Übrigen musste sich auch die heilige Margarete gegen einen Drachen zur Wehr setzen. Der Legende nach wurde sie in den Kerker geworfen, um sie von ihrem christlichen Glauben abzubringen. In ihrem Verlies wurde sie von einem Drachen bedroht, jedoch blieb sie standhaft und konnte das Symbol des Bösen mit dem Kreuz und Gebeten besiegen und überstand alle

Peinigungen auf wundersame Weise. Schlussendlich wurde sie dennoch zum Tode durch Enthaupten verurteilt, blieb aber als Symbol der mutigen Märtyrerin im Bewusstsein der Menschen.

Dass Tolkien diesen St. Georg bestens gekannt hat und durch Bilbo, den Nothelfer, auf ihn verweisen wollte, liegt aber vor allem darin begründet, dass dem Heiligen Georg seit dem Mittelalter in Tolkiens Heimat England eine besondere Verehrung zuteil wurde. Angestoßen wurde diese Entwicklung durch König Richard I. Löwenherz von England, der von 1190-1192 am dritten Kreuzzug teilnahm. Dort lernte er die Georgsverehrung kennen und brachte sie mit in seine Heimat, wo dieser Reitersmann und Kämpfer gegen das Böse zum Schutzpatron des Landes gewählt wurde.[74] St. Georg gilt zudem als Nationalheiliger Englands. Und die Flagge Englands zeigt das rote Georgskreuz auf weißem Grund. Die Flagge kam ebenfalls im 15. Jahrhundert auf und ergänzte zunächst das bisherige Löwenbanner des Königs.

So lässt sich aus dem bisher Gesagten deutlich der Schluss ziehen, dass Tolkien bewusst auf das Sinnbild der vierzehn Nothelfer und hier besonders auf den Heiligen Georg hindeutet, wenn er von Bilbo als Nothelfer bzw. Retter in der Not und Träger der Glückszahl sprechen lässt, zudem noch in einem Dialog mit einem Drachen.

Und wäre dies alles nicht schon Nachweis genug, ließ Tolkien in einer früheren Version des *Hobbits* nicht Bard, sondern Bilbo den Drachen töten. Und dies tat Bilbo in einer ersten Version der Geschichte nicht mit einem Schwert oder mit Pfeil und Bogen, sondern mit einem Speer bzw. einer Lanze – genau so, wie es St. Georg getan hat –, die er zuvor aus Smaugs Sammlung gestohlen hatte. Einige kurze Auszüge aus Tolkiens Notizen verdeutlichen dies:

»He goes in and kills dragon as it sleeps *[added:* exhausted after battle] with a spear«.[75]

In den Textnotizen der beiden Bände *The History of The Hobbit* betont John Rateliff.

»„He sees shields and spears“, where one of these spears had been projected to play a crucial roll in the climax as the weapon with which Bilbo was to kill the sleeping dragon [...]. Interestingly enough, while its significance disappeared after this point, these spears survive as an element in Smaugs's horde and actually appear in the painting „Conversation with Smaug“ [...], made some five years later after the book had been published.«[76]

Warum die Speere wieder in Erscheinung traten (wenngleich nur als *Dekoration*), sollte nun deutlich geworden sein und nicht mehr verwundern. Tolkien spielt auf Bilbo als St. Georg den Drachentöter an, wenngleich Bilbo selbst den Drachen in der finalen Version des Buches nicht tötet. Und Tolkien musste sich einige Gedanken darüber machen, wer – ohne einen neuen Charakter einzufügen, der zudem selbst eine *Geschichte* hätte erhalten müssen – den Drachen schlussendlich töten soll.[77] Hier war Bard eine geeignete Wahl.

Nachdem sich nun gezeigt hat, dass Tolkien in seinen Werken offensichtlich mit Zahlensymbolik und Zahlenunterlegung gearbeitet hat, wenngleich nur als ein Stilmittel unter anderen und auch nicht durchgängig, stellt sich nichtsdestoweniger die Frage, wie weit diese Bezüge, geheimen Andeutungen und Verflechtungen gehen. In der Tat gibt es einen weiteren wichtigen Umstand, der Bilbos, aber auch

Frodos Rolle näher bestimmt. Es wird sich zeigen, dass hierbei die Namen und der Geburtstag der beiden Hobbits eine grundlegende Rolle spielen, da sie mehr anzeigen, als es auf den ersten Blick erscheint. Nun steht nicht mehr die Zahl Vierzehn im Fokus, sondern die ominöse *4*.

~ Frodo und Bilbo als Träger der Ordnungszahl *4* ~

Wir haben gesehen, dass gerade im Mittelalter, aber auch schon früher und darüber hinaus, die Numerologie, d. h. die „Wissenschaft“ von den Zahlen und ihrer christlichen oder auch übergeordneten Bedeutung, eine wichtige Rolle gespielt hat, obgleich heute die Numerologie kaum noch von Belang ist und wie die Astrologie nur noch als Spaß, Unterhaltung, Esoterik oder mitunter auch aus Schabernack betrieben wird. Früher jedoch wurde die Zahlensymbolik sehr ernst genommen und vor allem auch auf den Namen angewandt, d. h. Namen bzw. Buchstaben hatten einen gewissen Zahlenwert, aus dem sich dann eine Namenszahl bilden ließ, die wiederum eine gewisse Bedeutung besaß, wie beispielsweise die Dreizehn, Vierzehn oder die Sieben. Über die Stellung und Bedeutung eines Namens wurde bereits in den vorherigen Kapiteln berichtet. Namen hatte eine besondere Bedeutung und waren Teil der Person, ja des Körpers. Und für Tolkien als Philologen waren einzelne Wörter und Namen, ihre Verwendung und Einbettung in einen größeren Kontext, ein zentraler Ausgangspunkt seiner Arbeit und auch die Namen seiner Protagonisten wuchsen im Laufe ihrer Entstehungsgeschichte. Tom Shippey hat sich in seinem Buch *Der Weg nach Mittelerde* auch mit dem philologischen Denken Tolkiens auseinandergesetzt und verdeutlicht pointiert:

»Philologen [neigten] viel mehr als Literaten dazu, [sich] mit dem Sinn, der Form, den anderen belegten (und nicht belegten) Verwendungen einzelner Wörter zu befassen. [Sie] tendierten dazu, ihre Aufmerksamkeit nicht nur darauf zu richten, was ein Wort in seinem unmittelbaren Kontext bewirkte, sondern auch seine Wurzeln, seine Entsprechungen in anderen Sprachen und die ganzen Prozesse des kulturellen Wandels zu bedenken, der sich in seiner Geschichte widerspiegelte. Man könnte sagen, dass für Tolkien ein Wort nicht wie ein Quader war, eine abgegrenzte Einheit, sondern wie die Spitze eines Stalaktiten, für sich genommen interessant, aber weitaus interessanter als Teil von etwas Gewachsenem«.[78]

Und dies hat Tolkien bei der Erschaffung von Namen in seiner Welt Mittelerde berücksichtigt.

Nun war man war in alter Zeit davon überzeugt, dass die ermittelte Namenszahl Wesentliches über den Lebensweg und die Persönlichkeit der Person aussagt. Die ermittelte Zahl beschrieb das innerste Wesen und die Ziele bzw. Aufgaben der betreffenden Person. Man ging dabei folgendermaßen vor:

Aus einer Umrechnungstabelle erhielt man für jeden Buchstaben des Vornamens einen Zahlenwert zwischen 1 und 9. Man addierte diese und bildete daraus solange die Quersumme, bis letztlich eine einstellige Zahl übrigblieb.[79]

Numerologische Umrechnungstabelle								
1	**2**	**3**	**4**	**5**	**6**	**7**	**8**	**9**
A	***B***	***C***	***D***	***E***	***F***	***G***	***H***	***I***
J	***K***	***L***	***M***	***N***	***O***	***P***	***Q***	***R***
S	***T***	***U***	***V***	***W***	***X***	***Y***	***Z***	

Bei Bilbo und Frodo sähe diese Rechnung dann so aus:

B I L B O

$$2 + 9 + 3 + 2 + 6$$

$$= 22$$

Quersumme:

$$2 + 2 = \underline{\underline{4}}$$

Somit ergibt sich für Bilbo aus der Quersumme die Namenszahl Vier. Führen wir nun die gleiche Rechnung bei Frodo durch, erhalten wir für ihn folgende (kaum überraschende) Werte:

F R O D O

$$6 + 9 + 6 + 4 + 6$$

$$= 31$$

Bedeutung der Zahlen 1-9 in Schlagworten

1	= Einheit, geistige und physische Aktivität, Führungsqualität, Ehrgeiz
2	= Teamgeist, Loyalität, Sanftmut, Passivität
3	= Harmonie, Lebenslust
4	= ordnend, solide, stabil, aber auch unbeweglich, beschränkt
5	= rastlos, lebhaft, aufbrausend, herausfordernd
6	= Wärme, Sicherheit, Freundschaft
7	= introvertiert, intellektuelle Veranlagung, distanziert
8	= zielstrebig, Geschäftssinn, diszipliniert, galt im Altertum als Glückszahl
9	= ambivalent, stolz, kreativ, die Tatsache, dass der Tod Christi zur neunten Stunde eintrat, stand auch für Leiden und Passion

Quersumme:

3 + 1 = 4

Frodo besitzt folglich ebenso wie Bilbo die Namenszahl Vier. Fürs Erste mag dieser Umstand nichts weiter als ein einfacher Zufall sein. Aber Bilbo und Frodo haben darüber hinaus am selben Tag, dem 22. September, Geburtstag und sind sich in vielen Dingen sehr ähnlich, auch wenn sie nicht Vater und Sohn sind, sondern Onkel und Neffe und später auch noch Adoptivsohn und -vater. Vielleicht ist dies nur ein Zufall, aber möglicherweise wollte Tolkien auf diese Weise der Zusammenfügung die Beziehung beider zueinander und für die Geschichte unterstreichen. Schaut man sich in diesem Zusammenhang den Geburtstag beider Hobbits genauer an, wird auch hier die Unterlegung mit der Zahl Vier deutlich:

22. September = 22. 9

2 + 2 + 9 = 13

Quersumme:

1 + 3 = 4

Aber auch wenn man das Datum in der anderen möglichen Variante addiert, erhält man im Ergebnis ebenfalls die ominöse Zahl Vier, wobei das Resultat der ersten Quersumme dann nur einmal gedreht erscheint, aus 13 wird also 31:

$$\mathbf{22 \quad + \quad 9 \quad = \quad 31}$$

Quersumme:

$$\mathbf{3 \quad + \quad 1 \quad = \quad \underline{\underline{4}}}$$

Welche Bedeutung aber maß man früher der Zahl Vier bei? Diese Bedeutung deckt sich in der Tat mit dem Wesen und den Taten der beiden Hobbits. Die Vier galt in allen Kulturen als vollendete Ordnungszahl, d. h. als diejenige Zahl, die Ordnung in die Welt bringt. Die Vier galt als traditionelle Zahl des irdischen Universums, des Quadrats, der Jahreszeiten, der Himmelsrichtungen und der Elemente. Im Altertum und Mittelalter war die Vier das Symbol der Welt und ihrer Ordnung. »Die Vier ist unlösbar mit der ersten erkenntnismäßigen Ordnung auf Erden verbunden, sie setzt ‚Ordnung in eine schwer übersehbare Mannigfaltigkeit‘.«[80]

Dies spiegelt sich auch in der christlichen Tradition wider, so in den vier Evangelien, den vier Paradiesflüssen oder in der Verbindung des Kreuzes Christi mit den vier Weltecken bzw. Himmelsrichtungen. In Gestalt der alten byzantinischen Kirche lässt sich diese Verbindung auch wieder in der Architektur entdecken. Ihr Grundriss ist ein Viereck, in das ein gleicharmiges Kreuz eingeschrieben ist, dessen vier Arme ein Gewölbe tragen, das in die zentrale Kuppel mündet.[81]

Bei den Pythagoräern galt die Vier als ideale Zahl und dem vierten Körper, dem Kubus, wurde die Erde zugerechnet, wobei bei den Kelten die Erde im Übrigen auch als Quadrat gesehen wurde.

Man denke zudem an die vier Elemente (Erde, Wasser, Feuer, Luft) oder die Vier-Säftelehre in der Medizin des Mittelalters (Blut, Schleim, gelbe und schwarze Galle). So glaubte man, dass Krankheiten durch eine Verschiebung des Gleichgewichts dieser vier Säfte im menschlichen Körper hervorgerufen würden. Erst eine Herstellung der *Ordnung*, also die Herstellung des Gleichgewichts, führe dann wieder zu einer Gesundung des Menschen.

Die Vier bringt dergestalt Ordnung in eine sonst ordnungslose, ungegliederte, chaotische Welt. Im Übrigen hatte die Zahl 22, die sich ja im Geburtsdatum der Hobbits findet, in früheren Zeiten eine Bedeutung, die in direkter Verbindung zur Vier steht. Ihr kommt gerade in der Kabbala höchste Bedeutung zu. Die zehn Knoten im Lebensbaum sind dort durch zweiundzwanzig Wege verknüpft; das hebräische Alphabet besteht ebenfalls aus zweiundzwanzig Buchstaben. Im Wesentlichen steht die zweiundzwanzig für die Vollendung und Vollkommenheit und verstärkt die positiven Eigenschaften der Zahl Vier, so dass der ordnungsbringende Charakter der Vier nochmals unterstrichen wird.

Fasst man die Bedeutung der Zahl Vier nochmals zusammen, zumal aus einer stärker mittelalterlichen Perspektive, dann kann sie als *die* Ordnungszahl bezeichnet werden, die Ordnung in die Welt bringt. Die Welt – vier Jahreszeiten, Himmelsrichtungen, Körpersäfte, Elemente, Weltreiche, weltliche Tugenden, Temperamente (Sanguiniker, Phlegmatiker, Choleriker, Melancholiker), Evangelisten (Markus,

Matthäus, Lukas, Johannes) – wird durch die Zahl Vier eingeteilt und geordnet.
Die beiden Hobbits Frodo und Bilbo bringen nun ebenfalls in einem größeren Rahmen Ordnung in ihre Welt, wobei dieser Punkt noch deutlicher bei Frodo zutage tritt. Während Bilbo dazu beiträgt, dass Smaug getötet und der Schatz seinem rechtmäßigen Besitzer übergeben wird, befreit Frodo nicht nur Mittelerde aus der Umklammerung des Dunklen Herrschers, sondern zum Schluss bringt er die rechte Ordnung auch noch in das Auenland, das während seiner Abwesenheit aus der altbekannten Beschaulichkeit und Ordnung gerissen wurde. Beide bringen dergestalt Ordnung in eine chaotische oder vom Chaos bedrohte Welt.
Interessant in diesem Zusammenhang ist der Aufsatz von Stephen Yandell *„A Pattern Wich Our Nature Cries Out For": The Medieval Tradition of the Ordered Four in the Fiction of J.R.R. Tolkien*. Dort zeichnet er nach, dass einige der Inklings – ein literarischer Diskussionskreis, zu dem auch Tolkien gehörte – Anhänger dieser Sichtweise der *ordered Four* – waren.

»[...] Tolkien and the Inklings were familiar with the primarily Medieval notion that the matter of the world is inherently divided into groups of ‚four'. This division may be seen around humans (in Nature), among humans, within humans, and in humans creations (Art).«[82]

Nun hat Yandell sich nicht mit den (konkreten) Zahlen in Tolkiens Welt oder der Namenszahl der Hobbits beschäftigt – so wie bisher überhaupt noch kein Tolkienrezipient die verwendeten Zahlen und ihre möglicherweise weiterführende Bedeutung untersucht hat –, aber seine Sichtweise und

Untersuchung unterstreicht, dass Tolkien sich (zumindest) mit der Zahl 4 und dem dahinterliegenden Prinzip auseinandergesetzt hat. Denn – so zeichnet Yandell nach – auch *Der Herr der Ringe* folgt einer narrativen Vierteilung:

»The narrative structure of The Lord of the Rings represents the most effective application of these ideas. Tolkien´s masterpiece make use of a Medieval interlace structure wich depends on the interaction of four narrative groups wich exist after the breaking of the Fellowship.«[83]

Zentral ist also die Aufteilung der Erzählung nach dem Bruch der Gemeinschaft in vier Erzählstränge (Gandalf, Merry und Pippin, Frodo und Sam, Aragorn, Legolas und Gimli), die die gesamte Geschichte über eine große Strecke strukturiert. Ohne hier auf die detailreiche Darstellung Yandells weiter einzugehen, sei noch daran erinnert, dass der gesamte Mittelerdezyklus in insgesamt vier Zeitalter dargelegt wird (wobei das vierte Zeitalter von Frodo eingeleitet wird und als *Goldenes Zeitalter* gilt).
Und vielleicht ist es dergestalt dann auch kein Zufall, dass letztendlich vonseiten Tolkiens *vier* Hobbits im *Herrn der Ringe* auf die Reise geschickt werden, um die Ordnung in Mittelerde wieder herzustellen.
Fassen wir das oben Gesagte nochmals zusammen, lässt sich festhalten, dass die Namenszahl 4 von Bilbo und Frodo im Kontext zu einer mittelalterlichen Tradition (und darüber hinaus) steht, die sie nicht mehr nur als zufällig darstellt, sondern in eine Konzeption eingearbeitet ausweist. Tolkien hat nicht nur einige verwendete Zahlen bewusst ausgewählt, um eine zusätzliche Bedeutungsebene zu etablieren, sondern hat auch die Namen *Bilbo* und *Frodo* so gestaltet, dass sie in

sein Konzept der *ordered four* passen. Dieser Punkt wird auch unterstrichen und dadurch einsichtig, wenn man bedenkt, wie intensiv sich Tolkien mit der Entwicklung der verwendeten Namen auseinandergesetzt und diese konzipiert hat. Zugleich wusste Tolkien, dass bei Übersetzung in andere Sprachen die Vornamen nicht übersetzt und geändert würden. Umgekehrt hat er sich ein Mitspracherecht gesichert, wenn es um die Übersetzung in andere Sprachen ging, um sicherzustellen, dass seine gesamte philologische Arbeit dadurch nicht zunichtegemacht würde.

Exkurs: Irritationen

Bevor es weiter um die Namen der beiden Hobbits gehen soll, möchte ich an dieser Stelle zwei häufig geäußerte Irritationen und Skepsis zur Sprache bringen, die sich in Diskussionen im Umfeld des Themas „Mittelalterliche Zahlenmythologie" ergeben.

Ein häufig anzutreffendes Argument in Diskussionen lautete:

„Tolkien war Philologe und kein Mathematiker."

Diese Feststellung ist sicherlich richtig, läuft allerdings ins Leere. Denn Hintergrund dieses Einwandes ist die Vermutung hoher mathematischer Komplexität bei der Verwendung von Namenszahlen oder die Vermutung, dieser Aspekt sei mehr in der Mathematik zu Hause als in der Sprachwissenschaft. Tatsächlich ist das mathematische Schema, welches sich dahinter verbirgt jedoch sehr einfach und es bedarf keiner hohen eingehenderen mathematischen Kenntnis, um diese anzuwenden. Weiterhin gehörte zu der Auslegung von (biblischen) Texten neben hermeneutischen Kenntnissen eben auch das Wissen um einfache mathematische Zusam-

menhänge. Im Mittelalter sind diese beiden Punkte in Bezug zur Zahlenallegorese nicht zu trennen.
Zahlen selbst stehen für etwas, sind symbolhaft, genauso wie Texte, hinter denen sich mehr finden lässt, als auf den ersten Blick zu sehen ist. Dergestalt gehört der Aspekt mehr in das Feld der Textauslegung, also in den Bereich der Sprachwissenschaft, und es ist somit auch nicht verwunderlich, dass dieser Punkt auch heute noch eben dort verortet ist und Literatur diesbezüglich sich in Bibliotheken der Sprachwissenschaft, aber nur äußerst selten der Mathematik finden lässt. Man kann mit Sicherheit davon ausgehen, dass Tolkien als erfahrener und professioneller Kenner des Mittelalters und seiner Literatur die mittelalterliche Zahlenallegorese gekannt und – wie gezeigt – angewendet hat.
Zudem war Tolkien im 1. Weltkrieg Offizier im Fernmeldewesen. Carpenter berichtet in seiner Biografie über Tolkien:

»Bis Anfang 1916 hatte er sich für eine Spezialausbildung in Nachrichtenübermittlung entschieden, denn der Umgang mit Wörtern, Botschaften und Kodes reizte ihn mehr als die Plackerei und Verantwortung eines Zugführers. So lernte er das Morse-Alphabet, Flaggen- und Scheibensignale, Nachrichtenübermittlung durch Heliographen und Lampen, den Gebrauch von Signal-Raketen und Feldtelefonen, sogar den Umgang mit Brieftauben (die manchmal auf den Schlachtfeldern eingesetzt wurden). Schließlich wurde er zum Nachrichtenoffizier seines Bataillons ernannt.«[84]

Codes und Rätsel waren ihm dergestalt geläufig. Und Tolkien hat auch Karten und unterschiedliche Kalender und Zeitrechnungen erstellt (wie man ja u.a. im *Herrn der Ringe* sieht). Das sind Aspekte, für die man ein gewisses Maß an

Logik besitzen muss, man muss mit Bezüglichkeiten und Zahlenverhältnissen umgehen können.

Dies zeigt: Text und Textauslegung und mathematisches, strukturelles, logisches Denken sind eng miteinander verzahnt, aber wie gesagt: Die Zahlenmythologie als mittelalterliches Stilmittel ist so einfach zu berechnen, dass man dafür keine wirkliche Mathematik außer den Grundrechenarten benötigte. Sucht man nach Büchern, die sich mit der Bedeutung von Zahlen beschäftigt, wird man – wie erwähnt – in den sprachwissenschaftlichen und theologischen Bereichen von Bibliotheken fündig und nicht in den naturwissenschaftlichen oder mathematischen.

Ein zweites Argument, welches Skepsis gegenüber der Zahlenallegorese ausdrückt, lautet:

„Wenn Tolkien tatsächlich einigen Zahlen eine gewisse Bedeutung gegeben hätte, hätte er darüber geschrieben."

Hierzu ist zu sagen, dass Tolkien viele Aspekte verarbeitet hat, aber nicht immer über alles geschrieben hat, dies hatte er wahrlich nicht nötig. Was wäre im Übrigen ein Rätsel, wenn man es auf anderem Wege verraten würde? Dass er darüber nicht geschrieben hat (soweit ich weiß), lässt sich nicht ändern, aber auf die hier vorgebrachten Argumente und Schlussfolgerungen hat dies keinen Einfluss.

Und auf einen Brief, in dem Tolkien vom Duodezimalsystem spricht, wurde bereits oben hingewiesen. Wenn Tolkien davon spricht, dass er eine ganze Mappe mit Zahlensystemen angelegt hatte, darf man sicher ohne allzu sehr ins Vermuten zu kommen davon ausgehen, dass er sich zuvor mit diesen auseinandergesetzt hat. Dies, gepaart mit seiner philologischen Profession, sollte deutlich machen, dass Tolkien sich der Bedeutung gewisser Zahlen bewusst war und diese entsprechend eingesetzt hat.

Kehren wir an dieser Stelle zu den Namen der beiden Hobbits zurück.
Tolkien hat die Bedeutung der beiden Hobbits Frodo und Bilbo nun zusätzlich zu den Namenszahlen auch in ihre Namen selbst hineingelegt. Namen selbst sind oft sehr authentische Träger von Geschichtlichem und alten Traditionen. So spielt der Name Frodo auf einen alten dänischen König Frodi oder auch Frotho an. In seinen Tagen begann der sogenannte Frodifrieden, das glückliche und Goldene Zeitalter des Nordens. Der Legende nach soll es in dieser Zeit keine Diebe oder Räuber gegeben haben und das Land war mit Fruchtbarkeit gesegnet.
Es soll sechs dieser Frotho Könige gegeben haben, wobei man heute annimmt, dass zumindest einer dieser Könige tatsächlich gelebt hat. Interessant ist ein weiterer Zusammenhang, denn der Sage nach soll einer dieser sechs Könige einen Drachen besiegt und einen großen Hort gewonnen haben.[85] Hier liegt demnach sogar noch eine weitere (angedeutete) Verbindung von Frotho zu Bilbo vor.
Ein solcher Frodi-Frieden steht nun in Übereinstimmung mit Frodo Beutlin und den Auswirkungen seiner Taten. Nach dem Ende des Ringkrieges findet sich auch im Auenland ein vergleichbarer Frodo-Frieden, der einem Goldenen Zeitalter ähnelt. Die Ernten sind gut, es herrscht Überfluss und die Natur und Gesellschaft blühen auf, ein 4. Zeitalter, das Ordnung und Frieden bringt.
Aber auch Bilbo Baggins' (deutsch Beutlin) Name ist nicht nur eine leere Worthülse, sondern beinhaltet viele Verweise auf seinen Träger, besitzt eine sichtbare und eine unsichtbare Seite. So spielt Tolkien mit dem Namen Baggins einerseits auf den »burglar«, den Räuber an, andererseits aber auch auf den „bourgeois“, den ordentlichen und bodenstän-

digen Bürger. Weiterhin bedeutet »to bag« soviel wie etwas an sich nehmen oder auch stehlen.[86] Hier offenbaren sich die beiden Seiten von Bilbos Verwandtschaft, nämlich die abenteuerliche, unternehmungslustige Tukseite und die eher zurückhaltende, hobbitkonforme und geachtete Beutlinseite, die bekanntermaßen nie in ein Abenteuer oder in etwas Unvorhergesehenes verstrickt war.

Auch das französische *bague*, was soviel bedeutet wie Fingerring, versteckt sich in Bilbos und Frodos Familiennamen und »verweist in solchem Maße auf den ‚Ringträger' Bilbo Baggins, dass diese Bedeutung auf jeden Fall mitangenommen werden sollte.«[87]

Allerdings hat Tolkien Bilbo nicht nur mit diesen Bezügen und angedeuteten Konstruktionen ausgestattet.

Neben dem sehr christlichen Bezug des Nothelfers und dem Verweis auf den heiligen Georg findet sich in gleicher Weise ein wichtiger germanischer Bezug. Bilbo ist nämlich nicht nur mit einer Glückszahl ausgestattet, sondern er selbst besitzt etwas oder hat etwas an sich, das man als ein besonderes Heil eines Helden bezeichnen könnte. Bilbos Glück auf seinen Fahrten überschreitet das normale Glück eines Menschen bzw. Hobbits um ein Vielfaches. Es scheint so, als ob Bilbo und auch Frodo ein gewisses Schicksal haben, das sie auf einen gewissen Weg bringt oder hin zu bestimmten Geschehnissen führt. Wenn aber beide durch das Schicksal gelenkt und geführt werden sollten, kann man sie dann noch als Helden bezeichnen, da sie ja dann eigentlich keine Wahl gehabt hätten, sich anders zu entscheiden? Diese und andere Fragen möchte das nächste Kapitel behandeln.

~ Von Helden, Heilingen und Halblingen ~

Bilbo besitzt als christlicher Nothelfer eine weitere Gabe, die auf einen alten germanischen Glauben zurückgeht. Wenn man sich einmal die Mühe macht, alle Situationen im *Hobbit* herauszusuchen, in denen Bilbo mit einem glücklichen Zufall oder mit Glück attribuiert wird, so verdeutlicht sich sehr schnell, dass es sich hier nicht mehr nur um einen reinen Zufall handeln kann, sondern dass er mit einer scheinbar übernatürlichen Gabe ausgestattet ist. Es mag tatsächlich mehr an ihm sein oder in ihm stecken als er oder andere zunächst vermuten. Der Aspekt des Glücks oder Heils zeigt sich nun nicht nur in der christlichen Tradition bzw. in der Zuordnung der Zahl vierzehn, sondern ist ebenfalls in der germanischen Mythologie zu finden. In der germanischen Tradition gehört die Eigenschaft des Glücks, das Heil, zwingend zu einem Helden. Solange der Held das Heil besitzt, ein Heiling ist, solange ist er nicht zu besiegen und seine positiven Attribute kommen auch anderen zugute. Sollte er sein Heil jedoch verlieren, z. B. durch Verstöße sakraler Art, so ist er dem Untergang geweiht.

Bilbo trägt augenscheinlich das Heil in sich, er ist ein Heiling und ist gerade hierdurch und nicht nur durch den gefunden Einen Ring eine besondere Hilfe für seine Freunde und Gefährten.[88] »Der innere Zustand des Heilings wird im Isländischen als ein „ganzer Sinn“ beschrieben, heill hugr, was natürlich Weisheit sowohl als Wohlwollen und Freundlichkeit umfasst.«[89] Dahingehend ist es nur Gandalf, der Bilbo als Heiling erkannt und ihn wohl auch deshalb ausge-

wählt hat. Auch Frodo wird solchermaßen von Gandalf ausgewählt, allerdings tritt bei ihm diese Unterlegung von Seiten Tolkiens nicht mehr so offen zutage, sondern aus der „Dinggabe" Heil wird im *Herrn der Ringe* mehr und mehr das Schicksal, welches Frodo auf seinen Weg führt.
Das Heil, das beide in sich tragen, ist derweil nicht (nur) für sie selbst bestimmt, sondern dient einer höheren Sache. Tolkien hat an einer Stelle selbst darauf hingewiesen, dass es sich bei den beiden Hobbits um *geweihte* Personen handelt:

»Ich würde sagen, wenn man, indem man so etwas sagt, nicht verderben würde, was man explizit machen will, „von geweihten Personen, die von einem Sendboten inspiriert und zu Zwecken angeleitet werden, die über die persönliche Erziehung und Erweiterung hinausreichen". Im *Herrn der Ringe* ist das klar; aber auch im *Hobbit* ist es, wenngleich verschleiert, von Anfang an da«.[90]

In diesem Zusammenhang ist ein weiteres Detail interessant, auf das Tom Shippey in seinem Buch *J. R. R. Tolkien – Autor des Jahrhunderts* aufmerksam macht.[91] In Gondor beginnt das neue Jahr nach dem Sieg über das Böse immer an diesem Siegestag, dem 25. März, denn an diesem Tag wurde Sauron besiegt und die Hobbits zum König gebracht. Tolkiens Anspielung auf dieses Datum besitzt eine eigentümliche Tiefe. Nach alter englischer Tradition war der 25. März das Datum der Kreuzigung, des ersten Karfreitags. Heute allerdings sind der Karfreitag und das Osterfest ein bewegliches Datum, da es von den Mondphasen abhängt, und somit ist dieser Zusammenhang kaum noch zu erkennen. Hinzu kommt, dass der 25. März in der christlichen Tradition der Tag der Empfängnis Christi ist, folglich genau 9 Monate vor dem 25. Dezember, der Geburt Christi, liegt. Der 25. Dezember ist aber auch der Tag, an dem die Gefährten Bruchtal verlassen. »Die Haupthandlung des Buches erstreckt sich also über den mythischen Zeitraum zwischen Weihnachten, Christi Geburt und der Kreuzigung, Christi Tod.«[92] Allerdings sollte dieser Umstand nicht Spekulationen um Frodo als einem Christus-Typus Vorschub leisten, sondern vielmehr die von Tolkien bewusst eingearbeiteten Verflechtungen mit geschichtlichen Traditionen unterstreichen. Tolkien hat nicht einfach nur eine Quelle für das Kreieren einer Person oder einer Begebenheit genutzt, sondern suchte immer nach Mehrfachunterlegungen.

Wenn nun beide, Frodo und Bilbo, ihre Taten nur durch den Einfluss eines günstigen Schicksals oder den Einfluss einer höheren Macht vollbringen konnten, kann man sie dann noch als Helden bezeichnen, da sie in diesem Sinne letztlich mehr Medium als Akteur waren? Die Vorstellung von einem Helden basiert auf der Annahme, dass seine Taten grundsätzlich auf einem freien Willen fußen.

Wendet man sich zunächst dem *Hobbit* zu, so zeigt sich, dass der Leser Bilbo bei der ersten Begegnung überhaupt nicht als einen Helden kennenlernt. Ganz im Gegenteil erscheint Bilbo eigentlich nicht gewillt, sein bürgerliches und komfortables Leben aufzugeben. Außerdem stellt ein körperlich kleiner und mit der anfänglichen Situation überforderter Hobbit nicht gerade eine typische Heldenfigur dar. Dennoch hat Bilbo das Zeug zu einem Heros, da er sich nicht trotz, sondern gerade wegen dieser Einschränkungen zu einem solchen entwickelt, was auch durch die Fehleinschätzung der Zwerge zu Beginn ihres gemeinsamen Abenteuers unterstrichen wird. Weiterhin vereinfacht ein solcher Held die Akzeptanz des Lesers und die eigene Identifikation mit ihm. Auch im weiteren Verlauf der Geschehnisse zeigen sich nur wenige Szenen, in denen Bilbo einem klassischen Heldenideal entspricht. Vielmehr entwickeln sich die Ereignisse durch sein Glück, sein Heil und durch sein großes Herz in einer Art und Weise, die es ihm ermöglichen, größere Taten zu vollbringen. Ohne das Finden des Ringes wäre es ihm beispielsweise kaum möglich gewesen, den Drachen Smaug zu übertölpeln. Dennoch besitzt Bilbo die Voraussetzungen zu einem Hauptdarsteller, da er im Laufe seiner Abenteuer eine großartige Entwicklung durchmacht. Man könnte auch davon sprechen, dass er nach der Heimkehr von seinen Abenteuern erwachsen geworden ist.

Die Hobbits haben zum ersten Mal die Bühne von Mittelerde betreten und zwar in dem Sinne, dass erstmals ein Hobbit größere Geschicke Mittelerdes mit beeinflusst hat. Dennoch gewinnt man den Eindruck, dass sie beide auf irgendeine Weise auserwählt wurden, um durch ihr Tun weitere große Taten und Veränderungen anzustoßen und herbeizuführen.

Im *Herrn der Ringe* verdeutlicht sich dieser Punkt wesentlich stärker und wird von einigen anderen Aspekten ergänzt. In vielerlei Hinsicht repräsentieren Tolkiens Charaktere im *Herrn der Ringe*, obzwar sie alle eine eigene Individualität besitzen, jeweils eine Seite des Menschen. Beispielsweise spiegeln die Elben die künstlerische, ästhetische und gebildete Seite des Menschen wider, aber auch eine unbestimmbare Sehnsucht im Menschen, die nicht immer deutlich und klar zu fassen ist. Die Hobbits hingegen verweisen auf die Bodenständigkeit, Konformität und zum Teil auch auf die Naturverbundenheit der menschlichen Seite, die zudem auch eine persönliche Eigenschaft Tolkiens war. Auch in Bezug zur Heldendarstellung findet sich eine solche Aufteilung. Die Menschen im *Herrn der Ringe* stellen die traditionelle und ritterliche Art des Heldentums dar, wo Stolz, Ehre und Heldenkraft die Triebfedern sind, währenddessen die Hobbits mehr die Beherztheit und ein »über sich Hinauswachsen« der einfachen Menschen im Angesicht einer existentiellen Bedrohung verkörpern.[93] Beide Arten von Heldenmut verquicken sich zum Teil bewusst in Tolkiens Erzählungen. Bilbo erfährt dies im *Hobbit* bei seiner Begegnung mit den schrecklichen Riesenspinnen. Nachdem Bilbo eine dieser Spinnen getötet hat, wird eine Veränderung in ihm angestoßen:

»Aber irgendwie hatte der Tod der Riesenspinne, die er in der Finsternis ganz allein ohne die Hilfe des Zauberers oder der Zwerge besiegt hatte, aus Mister Beutlin einen anderen Hobbit gemacht. Er spürte, dass er ein anderer geworden war, wilder und kühner, [...]«[94]

Frodo findet sich im Laufe seiner Geschichte ebenfalls sehr schnell in einer Rolle, in der er Verantwortung für andere übernimmt oder übernehmen muss. Anfänglich werden beide von ihrem Fürsorger und Mentor Gandalf angeleitet, doch schon früh nehmen sie ihr Schicksal an, und ihre Persönlichkeit entwickelt sich im Laufe ihrer Abenteuer zu einer Führungspersönlichkeit. Frodo übernimmt bereits die Führung bei der Wanderung der Hobbits nach Bree. Und später bei der kurz auflodernden Bedrohung durch Boromir und dem anschließenden Überfall durch die Orks, bei der Boromir getötet wird, fällt er allein die Entscheidung, ohne die anderen Gefährten weiterzuziehen, obgleich Samweis es nicht soweit kommen lässt und ihn begleitet. Dieses Beispiel zeugt allgemein von der Führungsart und der Basis des Heldentums von Bilbo und Frodo. Es sind die gegenseitige

Loyalität, Liebe und der Zusammenhalt mit ihren Freunden und Gefährten, die sie absetzt von den üblichen Heldenbildern. Denn nur dieser Mut und diese Moral leitet sie im Gegensatz zu einer rein physischen Kraft eines Boromir zum Erfolg. Merry und Pippin respektieren die Autorität Frodos, da sie eine auf Freundschaft und Mitgefühl gründende Autorität ist. Ihre Barmherzigkeit und ihre Moralität veranschaulicht sich bei beiden, Frodo und Bilbo, in der Verschonung Gollums. Zwar hatten beide mehr als einmal die Gelegenheit, ihn zu töten und mehrmals wurde ihnen und haben sie sich selber die Frage gestellt, warum sie es nicht getan haben, dennoch verschonen sie ihn. Für Tolkien bot sich gerade durch das Überleben Gollums fast bis zum Ende der Geschichte die Möglichkeit, das komplexe Gebilde der Moralität in *Der Herr der Ringe* offenzulegen.

Tatsächlich muss man bei genauer Hinsicht zugestehen, dass Frodo letztlich gescheitert ist, da er am Ziel seiner Wanderung der Kraft des Ringes und dem Einfluss des Dunklen Herrschers erliegt. Obwohl er den ganzen Weg stark genug war, der Kraft des Ringes zu widerstehen, scheitert er, als es an ihm ist, den Einen Ring in den feurigen Schlund des Schicksalberges zu werfen und ihn so zu zerstören.[95] Aber dennoch fühlt man, dass Frodo schlussendlich doch gesiegt hat. Denn der Umstand, dass Gollum ihm den Finger mit dem Einen Ring abbeißt, dient Tolkien nicht nur als überraschende Wendung und spannungsgeladene Situation, sondern sie veranschaulicht vielmehr, dass Frodos Barmherzigkeit mit Gollum während der gesamten Unternehmung schließlich auch ihn rettet und durch Gollum die ihm zugewiesene Aufgabe erfüllt wird. So bestätigt sich auch Gandalfs vage Vermutung zu Beginn der Geschichte, dass Gollum noch eine wichtige Rolle in ihr einnehmen werde; so

verschont auch er Gollum, als er die Möglichkeit hatte, ihn zu töten. Gollum schließt den Kreis, indem er Frodo den Finger abbeißt und mit dem Ring in den Schicksalsberg stürzt. Der Eine Ring ist zerstört. Ist es ein Zufall, dass dieser Berg, der das zentrale Ziel der abenteuerlichen Reise darstellt, den Namen »Schicksalsberg« trägt? Der Fatalismus (lat. *fatalis* „vom Schicksal bestimmt") ist eine Weltanschauung, nach der alle natürlichen Geschehnisse und menschlichen Handlungen vorherbestimmt sind und einer blinden Notwendigkeit unterliegen. Ein Fatalist ist demnach eine Person, die sich ihrem Schicksal ergibt, ohne das Bemühen, dagegen anzukämpfen und die eigenen Lebensbedingungen zu verändern. Gerade in Bezug zum alten Götterglauben findet man diese Weltanschauung, nach der man einem Götterspruch (lat. *fatum)* unterliegt, der den Willen der Götter oder die Bestimmung des Schicksals prophezeit.
Gerade dieser Aspekt verweist auf einen weiteren wichtigen Punkt in Tolkiens Konzeption von Moralität und Willensfreiheit. Denn Tolkien stellt neben einer scheinbar schicksalhaften Fügung immer auch die Möglichkeit in Aussicht, dass alles auch hätte ganz anders verlaufen können. Dies zeigt er anhand oppositioneller Charaktere. So ist es der Hobbit Frodo, der Mittelerde vor dem Fall in ein dunkles Zeitalter rettet und sich selbst gegen die Macht des Dunklen Herrschers und den Einen Ring stemmt. Es war jedoch auch ein Hobbit, nämlich Gollum, der den Kreislauf erst wieder in Gang gebracht und sich für die boshafte und gierige Seite entschieden hatte. Tatsächlich ist Gollum ein Hobbit vom Stamm der Starren, aber die lange Zeit, die er unter dem Einfluss des Ringes stand, führte dazu, dass er sich erheblich veränderte und nicht mehr als Hobbit zu erkennen war. Letztlich war er der erste und auch letzte Träger des wieder-

entdeckten Herrscherringes. Eine ähnliche Konstellation zeigt sich auch bei den Zauberern. So ist es Gandalf, der als Zauberer und Maia die Welt von Mittelerde beschützen und retten will. Es ist jedoch auch ein Zauberer und Maia, nämlich Saruman, der im Gegensatz dazu dem Dunklen Herrscher und der Gier und Macht verfällt. Bei den menschlichen Gefährten deutet sich ebenfalls eine solche Opposition an, indem Aragorn die Entscheidung für das Gute fällt, während Boromir in Versuchung gerät und auch dadurch seinen Tod findet. Gleichermaßen bilden Théoden und Denethor ein solches Paar; der eine König, der bereit ist, sich zu wandeln und den richtigen Weg zu gehen, der andere, der hierzu nicht mehr fähig ist und dadurch den falschen Weg beschreitet und schließlich untergeht.
Auch im *Silmarillion* findet sich ein solcher Widerstreit der Entscheidungen, als Melkor zu einem gefallenen Engel wird, indem er sich nach freier Wahl gegen die Weisung des Einen Gottes entscheidet. Die Balrogs werden als gefallene Maiar beschrieben und auch Sauron, der Statthalter Melkors, soll einst ein Maia wie Gandalf gewesen sein. Tolkien unterstreicht mit diesem Motiv die freie Wahlmöglichkeit seiner Charaktere, obgleich immer auch die schicksalhafte Fügung in seinen Geschichten eine gewisse Rolle spielt. In ähnlichen Situationen entscheidet sich die eine Person für diese, eine andere Person für jene Möglichkeit. Tolkien maskiert mitunter die Fügung und Bestimmung, indem er beispielsweise dem Einen Ring eine Art eigenes Bewusstsein unterschiebt, das sich den nächsten Ringträger aussucht. Aber auch die Unterlegung durch die Namen, der Namenszahl und der versteckte Verweis auf die Nothelfer sind Beispiele für eine solche Maskierung. Das Verquicken von freiem Willen bzw. freier Wahlmöglichkeit und der ‚Deter-

miniertheit‘ durch das Schicksal zeigt sich mitunter bei Bilbo. Vom Schicksal geleitet und auserwählt, findet er den Einen Ring, jedoch entscheidet er sich, den Ring an Frodo weiterzugeben, obschon ihm das nicht ganz ohne den Druck Gandalfs gelingt. Es zeigt sich also auch bei den Hauptfiguren wie nahe eine Versuchung ist, sich anders zu entscheiden. Sie wandeln auf einem schmalen Grat, fortdauernd von der Macht des Ringes in Versuchung geführt, aber letztlich entscheiden sie sich in freier Wahl für die richtige Sache. In diesem Zusammenhang muß man Tolkiens komplexe Ausarbeitung der geschichtlichen Tiefe Mittelerdes verstehen (s.o.): Tolkien betont mit der Ausbreitung der Geschichtlichkeit in Mittelerde den Grundcharakter des menschlichen Seins. Die Geschichtlichkeit vermittelt einerseits den transzendenten, überschreitenden Charakter der menschlichen Existenz, andererseits die eigene Gebundenheit an eine historisch gegebene Situation. Der Mensch wird durch seine Geburt in eine bestimmte geschichtliche Situation „geworfen“, die er letztlich akzeptieren muss, da es aus ihr kein Entrinnen gibt. In ihr kann er allerdings frei handeln und verfügt über einen freien Willen.
Frodo und Bilbo sind Helden, da sie einerseits ihre von der Vorsehung erwählte Bestimmung erkennen und annehmen und andererseits aufgrund ihres moralischen und freien Handelns die richtigen Entscheidungen treffen, die nicht vom Schicksal selbst bestimmt oder gelenkt sind. Helden sind sie demnach nicht nur grundsätzlich angesichts ihrer heldenhaften Taten, sondern vielmehr dadurch, dass sie zur rechten Zeit, die richtige, freie Entscheidung getroffen haben und sich hierdurch das Schicksal erfüllen ließen. Kehren wir an dieser Stelle erneut zurück zu dem Aspekt der Zahlenallegorese. Tatsächlich gibt es eine weitere Zahl, die

in ihrer Bedeutung ihre Träger näher bestimmt. Ich spreche hier von der Neun, die in unterschiedlichen Bereichen im *Herrn der Ringe* ihre Anwendung findet. Wir finden Sie nicht nur bei den neun Reitern, sondern auch bei den neun Gefährten, und auch Frodo steht in einer weiteren Beziehung zur Bedeutung der Zahl *9*.

~ Leidensweg und Erlösung Die Zahl 9 ~

In vielen Forendiskussionen und Dialogen im Anschluss nach Vorträgen zu diesem Thema kam das Gespräch immer wieder auf die symbolträchtige Zahl 9 und die Frage, ob Tolkiens Verwendung dieser Zahl reiner Zufall sei bzw. diese nur Formelcharakter habe oder ob auch hinter ihrer Anwendung möglicherweise eine Bedeutungsunterlegung zu finden sei. Tatsächlich ist die 9 im *Herrn der Ringe* eine vielschichtige Zahl und bei genauer Betrachtung fallen die Verwendung dieser Zahl und ihre Bedeutung im christlichen und nordisch-germanischen Kulturkreis zusammen. Bekanntlich hat Tolkien eine Vielzahl von Aspekten aus diesen beiden großen Kulturbereichen entlehnt und in seiner ureigenen Weise kombiniert und zu etwas Neuem synthetisiert. So wird sich zeigen, dass eine rein zufällige Wahl vonseiten Tolkiens hinsichtlich der 9 als unwahrscheinlich angesehen werden kann und im Zusammenhang mit den zuvor erkannten zahlenmythologischen Aspekten von einer bewussten Unterlegung seinerseits auszugehen ist.

Schaut man sich im *Herrn der Ringe* um, so sind natürlich zuallererst die neun schwarzen Reiter für die Verwendung der 9 auffallend, unmittelbar danach kommen die neun Gefährten, die eine Opposition zu den dunklen einstigen Menschenfürsten darstellen sollen. Wie sollte nun eine Zahl genau diese Widersprüchlichkeit auflösen?

In der Tat steht gerade die 9 – besonders im christlichen Kontext – für Ambivalenz also für Leidensweg und Erlösung.

Diesen Ausdruck erhält die 9 in der christlichen Welt zunächst durch die Tatsache, dass der Tod Christi zur neunten Stunde eintrat; dies wurde in der christlichen Welt als ein Hindeuten auf Leiden und Passion verstanden, aber auch auf Erlösung. Denn Jesu Tod ist gekennzeichnet durch die *Passion*. In den christlichen Evangelien wird darüber in der *Passionsgeschichte* berichtet bzw. werden die Geschichten als solche bezeichnet. Die Erlösung, die mit Jesu Tod einhergeht, ist natürliche eine Zweifache. Zum einen erlöst Jesu als Stellvertreter die Menschen von ihren Sünden, zudem wird er selbst im unmittelbaren Sinne von seinen Leiden erlöst. Die neunte Stunde, zu der sein Tod eintrat, ist dergestalt ein Zeichen für sein Leid, das in seinem Tod gipfelt, der zugleich dann Erlösung für die sündhaften Menschen und für ihn selbst ist.
In diesem Zusammenhang sei darauf hingewiesen, dass Frodos „Erlösung“ am Schicksalsberg mit einem seiner zehn Finger erkauft wird, der ihm von Gollum abgebissen wird. So verbleiben ihm neun Finger, Leiden (der unmittelbare Schmerz der Wunde) und Erlösung (von der Bürde des Ringes) zugleich.
Auch in germanischen und finnischen Geschichten und Mythen hat die Neun eine Bedeutung, die auf die neun schwarzen Reiter hindeutet. Dort erscheinen mitunter Krankheiten oder Schmerzen oft als neun schlimme Brüder, Schwestern oder Knaben. Aber auch hier gibt es die Möglichkeit, mit der Neun Schaden zu verhüten. Den finnischen Hausgott Tonttu (auch Tontu) konnte man durch neunmaliges Umwandeln der Küche beschwören, so dass er wieder gutmachte, was die drei schlimmsten Wintermonate – man denke an die besonders dunkeln und kalten drei Monate im Norden – angerichtet hatten. In der keltisch-germanischen Sage er-

scheint die Neun ebenfalls sehr oft, so hat z.B. König Arthur den neunten Teil der Kraft seines göttlichen Vaters, und neun Könige huldigten ihm. Auch dauerten Feste und Kämpfe (also Freud und Leid) jeweils neun Tage und Nächte.[96] In der nordischen Mythologie gibt es die neun Welten, die durch den Baum Yggdrasill verbunden werden. Odin wacht von seinem Thron über jene Welten. Und Odin selbst hing und litt einst – durch sich selbst geopfert und durch einen Speer verletzt – neun Tage und Nächte am Weltenbaum ohne Nahrung. Und erst als er kraftlos zu Boden sank, erlernte er neun Lieder und ersann zugleich die Runen.
Kehren wir nochmals in einen christlichen Kontext zurück

und blicken auf mittelalterliche Jenseitsvisionen zurück. Besonders hervorstechend ist hier Dantes *Commedia* (*Die göttliche Komödie*), in der die Reise von der Hölle bis ins Paradies erzählt wird. Paradies und Hölle bestehen aus jeweils neun konzentrischen Kreisen bzw. Schichten. Die Reise führt bei Dante durch die Hölle (Inferno), die in neun Höllenkreise unterteilt ist. Dort leben jene, die zur ewigen Verdammnis verurteilt sind. Über den Läuterungsbereich und Bußbezirke kommt der Wanderer, dem noch die Möglichkeit zur Läuterung bleibt, zum irdischen Paradies, dem Garten Eden, der sich auf dem Gipfel des Berges befindet. Von dort kann der Reisende aufsteigen ins himmlische Paradies, das von neun Himmelsphären kennzeichnet ist. So zeigt sich auch hier, bei Dante, die 9 als Leid und Erlösung, als Hölle und Paradies zugleich.

An diesen angeführten Beispielen verdeutlicht sich der ambivalente Charakter der Neun (oder besser: das, was durch die Neun bezeichnet wird), so wie er sich auch im *Herrn der Ringe* durch die neun Gefährten und schwarzen Reiter darstellt. Und sie, die von Sauron verführten Menschenkönige, wandelten in einer Schattenwelt als Ringgeister und wurden nach der Vernichtung des Einen Ringes *erlöst*, d.h. sie sterben und ihre *unnatürliche* Unsterblichkeit – im Gegensatz zur *natürlichen* Unsterblichkeit der Elben – erlischt.

Zusammengefasst lässt sich damit konstatieren, dass Tolkien die *9* bewusst wählte, weil sie diese Ambivalenz – neun schwarze Reiter, neun Gefährten und die neun Finger Frodos – am besten ausdrückt; zumindest, wenn man den nordisch-germanischen, christlichen und keltischen Kulturkreis als Hintergrund betrachtet, auf den Tolkien anspielt bzw. diese als Hintergrundfolie dienen. Und dass er dies tat, hat sich, so sollte deutlich geworden sein, an vielen Stellen seiner Mittelerdearbeiten gezeigt.

Beendet werden soll dieses Kapitel mit einer Frage, die häufiger im Zusammenhang mit der mittelalterlichen Zahlenallegorese an mich herangetragen wurde. Es ist die Frage nach dem Umfang des Gebrauchs dieser Zahlensymbolik. In der Tat ist es hier kaum möglich, Anfang und Ende zu erkennen.

Vielleicht ist man geneigt, hinter jeder Zahl etwas Verborgenes zu vermuten. Das ist sicherlich überzogen. Ich bin überzeugt, dass Tolkien bei einigen Zahlen von diesem Stilmittel Gebrauch gemacht hat. Ich denke, dass ich die Offenkundigsten aufgedeckt und ihre Bezüge deutlich gemacht habe. Das schließt allerdings nicht aus, dass es noch weitere *bedeutsame* Zahlen und Bezüge.

~ Mythos Mittelerde ~

Tolkiens Mittelerde steht in vielerlei Hinsicht in Verbindung mit dem Begriff „Mythos“. Zum einen hat sich gezeigt, dass Tolkien als Schöpfer auf mannigfache Mythen, Sagen und Legenden zurückgriff, um seine Welt zu kreieren. Als solches erschuf er eine eigene, höchst selbständige Mythologie. Tatsächlich war dies einer seiner Beweggründe für die Erschaffung Mittelerdes: Er wollte seinem Land England diese Mythologie widmen, da ihn die Armut an heimischen, auf eigenem Boden spielenden und in eigener Sprache verfassten Geschichten schmerzte: »Es gab Griechisches, Keltisches, Romanisches, Germanisches, Skandinavisches und Finnisches (das mich tief berührte), aber nichts Englisches, bis auf heruntergekommenes Zeug in den Volksbüchern.«[97] Zum anderen ist sein Werk selbst zu einem Mythos, zum Kult geworden. Seit der Veröffentlichung des *Hobbits* im Jahre 1937 und dem *Herrn der Ringe* im Jahre 1954 gibt es keine Generation von Lesern, die nicht auf die ein oder andere Weise von seinem Werk begeistert wurde. Insofern stellt sich die nicht leicht zu beantwortende Frage, was Generationen von Lesern an Mittelerde und seinen Wesen fasziniert. Ein Grund neben anderen ist sicherlich die Erschaffung eines alternativen Weltentwurfes, der einher geht mit dem Gefühl, einen alternativen Lebensentwurf zu erblicken. Das Leben anders zu gestalten, als auf herkömmliche Art und Weise, zu sehen, dass die Welt, in der man lebt, auch anders sein könnte, aber auch die Erkenntnis, dass man die Wahl hat, sein Leben eigenverantwortlich zu entwerfen, all jenes ruft die Lektüre von Tolkiens Werken unweigerlich hervor. Dies mag erklären, warum gerade junge Menschen von Tolkiens Mittelerde fasziniert sind. Die Möglichkeit, in eine fremde Welt einzutauchen, die aber dennoch Verbindungen zur tatsächlichen Realität aufweist und das durch die Lektüre vermittelte Gefühl, dass die herkömmliche Welt in ihrem Innersten auch anders sein könnte, unterstreicht die Absicht, positiv verändernd in die Welt einzugreifen. In der Tat war Tolkien auch persönlich von dem Gefühl geleitet, die sich zunehmend und immer schneller verändernde Welt zu kritisieren; die in seiner Zeit aufkommende Technisierung und Mechanisierung aller Lebensbereiche an den Pranger zu stellen, die seine ihm bekannte Welt, die ungestörte Natur und die Beschaulichkeit Mittelenglands, zusehends einschneidend veränderte. Er empfand die ungezügelte Macht der Maschine als bedrohlich, gerade auch deshalb, da sie die Natur verwüstete. Tolkien war der Autor einer Zeit, in der die aufkommenden Probleme der Technisierung und Verwüstung der natürlichen Lebensgrundlage der Menschen sich zunehmend zuspitzten. Man sieht in *Der Herr der Ringe* ganz deutlich und offen Tolkiens Bewunderung und Liebe zur Natur, den Bäumen und Tieren. Nicht zufällig erscheint die Natur in seinem Werk nicht klar getrennt von den Menschen oder anderen Rassen, sondern als beseelt, höchst lebendig. Der Alte Wald, der Alte Weidenmann oder die Ents sind ein gutes Beispiel für die eigentlich nicht vorhandene Trennung zwischen lebenden Wesen und der vermeintlich unbelebten Natur. Gerade die Ents heben die Grenze zwischen dem Menschlichen und dem Pflanzlichen auf. Tolkien entlehnt diese Sichtweise der keltischen und irischen Sagen und Märchen, in denen Bäume nicht nur von Geistern behaust werden, sondern beispielsweise die Eiche oder auch der Holunder beseelt sind. Tolkien liebte Bäume und zudem kannte er die Bedeutung von Bäumen in der nordischen Mythologie und im Christentum. Ein zentrales Bild in der nordischen Mythologie ist der Weltenbaum *Yggdrasil*. Diese Weltesche galt im germanischen Glauben als die Mitte des Universums und als der schönste und prächtigste Baum aller Zeiten, der die Welt im Innersten zusammenhält. Seine Äste und Zweige überragten die neun Welten der Nordmänner und wuchsen über den Himmel. Aber auch im Christentum spielt der Baum des Lebens oder der Baum der Erkenntnis eine zentrale Rolle. Als solches verband sich wie so oft Tolkiens eigene Vorliebe zu Bäumen und der Natur mit mythischen und altvorderen Geschichten unterschiedlicher Völker aus längst vergangenen Tagen. Ein weiterer Einfluss auf Tolkiens Vorstellung von den Ents bzw. ihrer Handlungen im Laufe der Geschichte mag möglicherweise auch in Shakespeares *Macbeth* vorhanden gewesen sein.

Macbeth begegnet auf der Heide drei Hexen, die ihm die Zukunft prophezeien: nie könne er besiegt werden, wenn nicht der große Birnam-Wald emporsteige und auf Schloss Dunsianan marschiere. Macbeth glaubte natürlich sicher, dass diese Prophezeiung niemals eintreten könne, doch das vermeintlich Unmögliche geschah kurze Zeit später; der Birnam-Wald erhob sich und marschierte auf das Schloss Dunsianan zu, um es einzunehmen. Sicherlich war es letztlich nicht wirklich der Wald, der dort marschierte, sondern die Gegner von Macbeth, die ihren Soldaten befohlen hatten, sich mit Ästen und Zweigen aus dem nahelegenden *Birnams Wald* zu tarnen, um so den Feind hinsichtlich der Truppenzahl zu täuschen. So erinnert dieser Aspekt an den zornigen Marsch der Ents nach Isengart, wo sie die Mauern der Festung mit bloßen Händen einrissen. Nur der Turm Orthanc hielt ihrem Angriff stand, als sie über Isengart kamen. Dorthin hatte sich Saruman zum Schutz zurückgezogen.

Die Natur ist beseelt und voller Leben, ihre Zerstörung ein Akt des Bösen. Als solches unterstreicht die verwüstete und trostlose Landschaft in Mordor diesen Aspekt. Die Zerstörung, der Gestank und die kaum noch vorhandene Pflanzen- und Tierwelt erwecken den Eindruck einer durch die Industrialisierung verunstalteten Landschaft, die zugleich den Einzugsbereich des Bösen markiert. Betont wird dieser Umstand zudem durch den vom Bösen stigmatisierten Gollum und seinen Reaktionen auf üppige und duftende Blumen und Kräuter. Sie bereiten ihm tatsächlich physische Qualen, während Sam und Frodo aufleben und sich wohlfühlen. Umgekehrt entwickelt Gollum in den leblosen und übelriechenden Gebieten Mordors neue Kraft, während die beiden Hobbits zu ersticken drohen. »Eine reichhaltige, hochentwickelte Vegetation wird positiv konnotiert, eine organisch niedrig entwickelte bzw. das Zurückweichen und ein fast völliges Fehlen der Vegetation, d.h. eine zerstörte, industrialisierte Landschaft, wie z.B. Isengard, verweist auf den Einzugsbereich des Bösen.«[98] In diesem Sinne drückt Tolkien den Zorn und die Empörung vieler moderner Menschen aus über das Zeitalter »der Roboter, die Hässlichkeit seiner Umwelt, die Entfremdung, die er bei seiner Arbeit erfährt, und das Böse in seiner Kultur.«[99]

Tolkien fokussiert im *Herrn der Ringe* den Gedanken, dass der Mensch in seinem unablässigen Fortschrittsglauben und -streben, in seiner ewigen Rastlosigkeit grundsätzliche Einsichten und Erkenntnisse in das natürliche und das humane Sein verdrängt hat, die vielen alten Kulturen schon längst bekannt waren. Der Wunsch aus einer solchen Welt herauszutreten, wenn auch nur für kurze Zeit, einzutauchen in eine stimmige Welt mit klaren Werten wie Freundschaft, Hilfsbereitschaft und Vertrauen führt zum Verlangen des Lesers, Tolkiens Geschichten immer wieder zu lesen.

»Tatsächlich sollte klar sein, dass unser Jahrhundert nicht so sehr eine Zeit der Demythologisierung als der Remythologisierung ist, eine Zeit eines angstbesetzten, manchmal krankhaften Suchens nach neuen Erklärungen für eine zunehmend unbegreiflicher werdende Welt«[100] Nun ist aber die Tolkienlektüre keine einfache Flucht aus der realen Welt, da in dieser phantastischen Welt gerade die herkömmliche Art und Weise der Weltsicht kritisiert wird. Insofern ist diese Flucht vielmehr eine Heilung bringende Sichtfelderweiterung als ein Zurückweichen und Resignieren vor der herkömmlichen Wirklichkeit. Tatsächlich implizieren Tolkiens Geschichten keine offensichtlichen Antworten auf z.B. politische Fragen, dennoch fühlt der Leser, dass durch die Hobbits, besonders durch Frodo, eine gewisse Haltung dargelegt wird. Helms spricht in diesem Zusammenhang von Frodo als Anti-Faust:

»Vom Ende des Mittelalters bis zur ersten nuklearen Explosion (und um genauer zu sein, auch darüber hinaus), ist unser spirituelles Verlangen faustisch gewesen, indem unsere emotionalen und intellektuellen Energien auf eine endlose Suche nach Wissen und Machtausübung über die Natur ausgerichtet waren. Jetzt sind wir wie Sauron (der Herr des Bösen) geworden. Wir können die Natur kontrollieren, aber wir stellen dabei fest, dass jede Kontrolle den Kontakt mit ihr verdirbt oder korrumpiert. Wie Sauron können wir den Himmel verdunkeln, die Vegetation auslöschen, das Bewusstsein der Menschen pervertieren; wiederum wie Sauron bleiben wir Gefangene unserer eigenen Annahmen, wissen keine Alternative zu der ständigen Ausweitung unserer korrumpierenden Herrschaft. [...] Die Hobbits sind Tolkiens Symbol für sein antifaustisches Bewusstsein. Frodo besitzt den Ring, das Symbol der alles korrumpierenden Macht, und all sein Streben zielt nur danach, es wieder loszuwerden.«[101]

Tolkien war allerdings kein rigoroser Fortschrittsfeind, sondern er forderte vielmehr einen bedächtigen und kontrollierten Umgang mit Technologie. Fortschritt um seiner selbst willen ohne die Frage nach dem wahren Wert für die Menschen, die unkontrollierbare Macht der geistlosen Maschinerie, das hemmungslose und oftmals nutzlose Voranschreiten der Technologisierung des Alltags und der Lebenswelt der Menschen, all diesen Punkten galt seine Kritik. All diese Aspekte finden sich in geronnener Form in der Figur des Zauberers Saruman. Seine intellektuellen Fähigkeiten, zunächst von Neugier gespeist, wandeln sich mehr und mehr zu einer Machtgier und führen schließlich über jedes Verständnis hinaus in eine blinde Zerstörungswut gegenüber seiner Umwelt und der Natur.

»Saruman wird zum Symbol für eine typische Untugend der Moderne, für die wir allerdings noch keinen Namen haben – eine Art erfinderischer Rastlosigkeit, Technik um der Technik willen, ein Bedürfnis, die Welt erst einmal plattzuwalzen, um sie zu ändern.«[102]

Tatsächlich wurzelt nun der Wunsch vieler Menschen nach einer anderen Welt in dem Verlangen nach vergangenen Zeiten. So ist das seit Langem anhaltende Interesse am Mittelalter zu verstehen; nämlich als Verlangen nach einem anderen Lebensentwurf. Es ist im Übrigen offenkundig, dass Tolkien sich bei der Gestaltung Mittelerdes von einem (romantisch) mittelalterlichen Weltbild hat inspirieren lassen. Nun ist das Interesse am Mittelalter alt, sehr alt um genau zu sein: Zunächst waren es die Humanisten des fünfzehnten Jahrhunderts, die für die ungefähr eintausend Jahre zwischen 500 und 1500 im Rückblick den Begriff „Mittelalter“ schufen. Diese mittlere Zeit wurde zu einer Zeit, die von Kunst, Fortschritt und Zivilisation abgelöst wurde. Das Adjektiv „mittelalterlich“ wurde noch später geprägt, nämlich im 19. Jahrhundert, als ein romantisches Establishment verklärte Vorstellungen über ein goldenes Zeitalter der Ritterlichkeit und der Legenden bekam, weil es von den glorreichen Erzählungen aus dem goldenen Zeitalter Griechenlands und Roms mehr und mehr gelangweilt war. Schon in der Renaissance kehrten Dichter zu den bekannten Motiven der Rittersagen zurück; das Mittelalter war zu allen Zeiten gedanklicher Rückzugsort für die eigenen Vorstellungen, Träume und Visionen. Umberto Eco (*Der Name der Rose* u. a.) erklärt die immer wieder aufflammende Rückbesinnung auf Alternativwelten bzw. dem Mittelalter aus der Krise und Unsicherheit der Gegenwart.

»Aber in Wirklichkeit ist die wahre Wiederentdeckung des Mittelalters als Werk der Massenmedien des zwanzigsten Jahrhunderts anzusehen, in dem sich erst ein neues und intensives Interesse daran entwickelt hat. Meine These lautet, dass jedes Mal, wenn Europa eine Krise, eine Unsicherheit über seine Ziele und Aufgaben spürt, es sich zu seinen eigenen Wurzeln zurückzieht. Und die Wurzeln der europäischen Gesellschaft liegen nun einmal ohne Frage im Mittelalter. [...] Das Mittelalter ist nicht, wie viele Menschen glauben, das finstere Zeitalter, sondern es ist eine Periode, in der die Kultur in größerer Vielfalt blühte, als wir denken.«[103]

In der Tat war das Mittelalter, insbesondere das Hochmittelalter, nicht annähernd so grausam, wie man gemeinhin annimmt, vor allem, wenn man auch die eigene, moderne Zeit etwas kritischer betrachtet. Man entdeckt mehr und mehr Interessantes, je tiefer man sich in die Zeit des Mittelalters versenkt. Das ausgewiesene Interesse am Mittelalter zieht sich von der Popkultur bis hin zur wissenschaftlichen Betrachtung, obgleich die Grenzen zwischen Alltagsinteresse und wissenschaftlicher Hinwendung mitunter nicht immer klar zu trennen sind. Mittelalterliche Musik, häufig gepaart mit elektrischer Gitarre, mittelalterliche Märkte, Burgen- und Ritterspiele, mittelalterliche Hochzeiten, Live-Rollenspiele, aber auch die mittelalterlich unterlegte Fantasyliteratur oder die *Dungeons-and-Dragons*-Gesellschaftsspiele sind nur einige Beispiele, die das gegenwärtige Interesse am Mittelalter und seinen Ablegern unterstreichen. Häufig werden hier die unterschiedlichsten Einflüsse miteinander kombiniert: keltische Mythen, Zauberei, Heavy Metal als akustisches Waffenlager, Ritter, Wikinger, Goten, Hobbits, Gaukler, Spielleute und Drachen. All dies gerinnt zu einer umfangreichen Alternativwelt, die ihre eigenen Gesetzmäßigkeiten aufweist und die unterschiedlichsten Subkulturen miteinander vereint.[104] Diese häufig romantisierte Version eines anderen Zeitalters, die Sehnsucht nach einer Zeit der Magie und Mythen, erscheint auf den ersten Blick wie eine kurzzeitige Flucht aus der Realität, erweist sich aber bei genauerer Betrachtung für viele Menschen aufgrund der mittlerweile erreichten Komplexität und gesellschaftlichen Präsenz als echter Alternativentwurf für die Gestaltung des eigenen Lebens. Immer mehr Menschen wenden sich mit Interesse diesem fremden Zeitalter zu, sei es durch entsprechende Literatur, Musik oder eben auch in der Praxis, indem sie sich mittelalterlichen Gruppen anschließen und dort zumindest zeitweise ihre Zeit auf mittelalterlichen Märkten verbringen, um dort nach mittelalterlicher Handwerkskunst selbst hergestellte Produkte zu verkaufen. Tatsächlich werden hier die Menschen immer mehr zu Zwischenweltwanderern.

In dieser Entwicklung nimmt Tolkien deshalb einen besonderen Platz ein, da sein gewaltiges Epos in diesem Zusammenhang den wohl größten Einfluss für das Interesse am Mittelalter hatte (und dem dadurch angestoßenen Wunsch nach einem alternativen Lebensentwurf) und zudem eine komplette Unterabteilung der populären Literatur, die sogenannte Fantasy-Literatur, begründete. Weiterhin basieren, wie gesagt, auf seinem Einfluss die *Dungeons-and-Dragons*-Gesellschaftsspiele. Die Besonderheit von Tolkiens Wirken liegt wohl auch in seiner einerseits wissenschaftlichen Auseinandersetzung mit dem Mittelalter, angetrieben durch seine professorische Tätigkeit an der Universität Oxford, und andererseits in der phantastischen Verarbeitung einer Vielzahl von Aspekten, die aus dem romantisch-mittelalterlichen Weltbild entlehnt sind und mehr den Blick auf den Zauber und die Romantik einer längst vergangenen Zeit lenken. Man denke hier nur an die mittelalterliche Zahlenallegorese oder die Stellung der Musik im mittelalterlichen Kosmos. In diesem Sinne verbindet Tolkien in seinem Werk das Alltagsinteresse und die wissenschaftliche Auseinandersetzung mit dem Mittelalter. Dies macht seine Geschichten für eine Vielzahl von Menschen so lesenswert. In ihnen findet man Rast vor der zunehmenden Beschleunigung und Ruhelosigkeit des Alltags; dort kann man sein Lager aufschlagen und einige Zeit verweilen.

~ Literaturverzeichnis ~

Barrett, David V. (1995): *Zahlensymbolik und was sie bedeutet*. Flechsig Verlag, Würzburg

Bauer, Hannspeter (1983): *Die Verfahren der Textbildung in J.R.R. Tolkiens The Hobbit*. Peter Lang Verlag, Frankfurt/Main, Bern, New York

Beit, Hedwick von (1965): *Das Märchen. Sein Ort in der geistigen Entwicklung.* Francke Verlag, Bern, München

Bichler, Albert (1998): *Die vierzehn Nothelfer.* Pattloch Verlag, Augsburg

Bidlo, Oliver D. (2002): *Zeitlose Werte? Wertvorstellungen in der Fortschrittsgesellschaft.* In: Büchergilde Gutenberg (2002): Sehnsucht nach Sinn. Wertvorstellungen junger Menschen im vereinten Europa. Büchergilde Gutenberg, Frankfurt/Main, Wien, Zürich

Bidlo, Oliver D. (2003): *Sehnsucht nach Mittelerde?* BoD, Norderstedt

Bidlo, Oliver D. (2004): *Verbotene Pfade nach Mittelerde?* In: Hithers Shore. Band 1, Hrsg. von der Deutschen Tolkien Gesellschaft. Scriptorium Oxoniae, Düsseldorf, S. 25-36.

Bidlo, Oliver (2011a): *Mittelerde als Ausdruck romantischer Kreativität und Sehnsucht.* In: Hithers Shore. Band 7, Hrsg. von der Deutschen Tolkien Gesellschaft. Scriptorium Oxoniae, Düsseldorf, S. 32-47

Bidlo, Oliver (2011b): *Tolkien und der Jugendstil.* In; Bidlo, Oliver, Eilmann, Julian, Weinreich, Frank (Hrsg., 2011), S. 117-130

Bidlo, Oliver, Eilmann, Julian, Weinreich, Frank (Hrsg., 2011): *Zwischen den Spiegeln. Neue Perspektiven auf die Phantastik.* Oldib Verlag, Essen

Bode, Matthias (2000): *Erläuterungen zu J.R.R. Tolkien: Der Hobbit.* Bange Verlag, Hollfeld

Carpenter, Humphrey (1979): *J. R. R. Tolkien. Eine Biographie.* Hobbit Presse/Klett-Cotta, Stuttgart

Day, David (1997): *Das Buch von den Hobbits.* Gerstenberg Verlag, Hildesheim

Diederich, Ulf (Hrsg., 1989): *Germanische Götterlehre. Nach den Quellen der Lieder- und der Prosa-Edda.* Eugen Diederichs Verlag, München

Die Edda. Götterdichtung, Spruchweisheiten und Heldengesänge der Germanen. Übertragen von Felix Genzmer (1997), Eugen Diederichs Verlag, München

Edel, Momo, Wallrath, Bertram (2000*): Götter, Barden und Druiden. Die Kelten.* Ansata Verlag, München

Ehlert, Trude (Hrsg., 1983): Gerhard Meissburg: *Einführung in die mediävistische Germanistik*. Kümmerle Verlag, Göppingen

Einhaus, Barbara (1989): *„The Lord of the rings“: Logik der kreativen Imagination.* München, tuduv Verlagsgesellschaft

Ellis, Keith (1979): *Magie der Zahl. Ihre Rolle in Natur, Kunst und Alltag.* Wilhelm Goldmann Verlag, München

Endres, Franz Carl, Schimmel, Annemarie (2001): *Das Mysterium der Zahl. Zahlensymbolik im Kulturvergleich.* Hugendubel (Diederichs) Verlag, Kreuzlingen, München

Frayling, Christopher (1995): *Geheimnisvolle Welt. Eine Reise durch das Mittelalter*. Vgs Verlagsgesellschaft, Köln, S. 12-13

Freud, Sigmund (2000): Vorlesung zur Einführung in die Psychoanalyse. Und neue Folge. Studienausgabe Bans I. Fischer Verlag, Frankfurt/Main

Golther, Wolfgang (1895): *Handbuch der germanischen Mythologie.* Athenaion Verlag, Essen

Green, Miranda Jane (1994): *Keltische Mythen*. Reclam Verlag, Stuttgart

Grotta, Daniel (1979*): Eine Biographie von J.R.R. Tolkien – Architekt von Mittelerde*. Qualander Verlag, Aalen

Hammond, Wayne G., Scull, Christina (1996): *J.R.R. Tolkien. Der Künstler.* Hobbit Presse/Klett-Cotta, Stuttgart

Herrmann, Paul (1992): *Nordische Mythologie.* Aufbau Taschenbuch Verlag, Berlin

Hetmann, Frederik (1984): *Die Freuden der Fantasy. Von Tolkien bis Ende.* Ullstein Verlag, Berlin

Krege, Wolfgang (1999): *Handbuch der Weisen von Mittelerde – mit Landkarten und Tabellen von J. R. R. Tolkien.* Hobbit Presse/Klett-Cotta, Stuttgart

Kühnel, Harry (1996): *Alltag im Spätmittelalter.* Styria Verlag, Graz, Wien, Köln

Lüthi, Max (1990): *Das Volksmärchen als Dichtung: Ästhetik und Anthropologie.* Vandenhoeck & Ruprecht, Göttingen

Markale, Jean (1996): *Die Druiden. Gesellschaft und Götter der Kelten.* Weltbild-Verlag, Augsburg

Meyer, Heinz (1975): *Die Zahlenallegorese im Mittelalter. Methoden und Gebrauch.* Wilhelm Fink Verlag, München

Nester, Holle (1993): *Shadow of the Past. Darstellung und Funktion der geschichtlichen Sekundärwelten in J.R.R. Tolkiens* The Lord of the Rings, *Ursula K. Le Guins* Earthsea-Tetralogy *und Patricia McKillips* Riddle-Master-Trilogy. Wissenschaftlicher Verlag, Trier

Pesch, Helmut W. (Hrsg., 1984): *J.R.R. Tolkien – der Mythenschöpfer.* Corian Verlag Wimmer, Meitingen

Purtill, Richard L. (1984): *J.R.R. Tolkien. Myth, Morality, and Religion.* Harper & Row, San Francisco, Cambridge

Rateliff, John D. (2008): The History of The Hobbit. Part One: Mr. Baggins. HarperCollins, London

Rateliff, John D. (2008): The History of The Hobbit. Part Twoe: Return to Bag-End. HarperCollins, London

Schneidewind, Friedhelm (2008): *Mythologie und phantastische Literatur.* Oldib Verlag, Essen

Schneidewind, Friedhelm, Steimel, Heidi (Hrsg., 2012): *Musik in Mittelerde*. Edition Baum und Blatt, Saarbrücken

Schütze, Marli (1986): *Neue Wege nach Narnia und Mittelerde. Handlungskonstituenten in der Fantasy-Literatur von C.S. Lewis und J.R.R. Tolkien.* Peter Lang Verlag, Frankfurt/Main, Bern, New York

Shippey, Tom (2002): *J.R.R. Tolkien. Autor des Jahrhunderts.* Hobbit Presse/Klett-Cotta, Stuttgart

Shippey, Tom (2008): *Der Weg nach Mittelerde. Wie J.R.R. Tolkien „Der Herr der Ringe" schuf*. Hobbit Presse/-Klett-Cotta, Stuttgart

Tolkien, Christopher (Hrsg., 1996): *J. R. R. Tolkien: Nachrichten aus Mittelerde.* Hobbit Presse/Klett-Cotta, Stuttgart

Tolkien, Christopher (Hrsg., 1999): *J. R. R. Tolkien: Das Silmarilion.* Hobbit Presse/Klett-Cotta, Stuttgart

Tolkien, J. R. R. (1974): *Der kleine Hobbit.* Deutscher Taschenbuch Verlag, München

Tolkien, J. R. R. (1981): *Der Herr der Ringe.* Bd. 1-3, Hobbit Presse/Klett-Cotta, Stuttgart

Tolkien, J. R. R. (1984): *Die Abenteuer des Tom Bombadil und andere Gedichte aus dem Roten Buch.* Hobbit Presse/Klett-Cotta, Stuttgart

Tolkien, J. R. R. (1991): Briefe. Hobbit Presse/Klett-Cotta, Stuttgart

Tolkien, J. R. R. (1993): *Lieder der Hobbits.* Bd. 1-3, Hobbit Presse/Klett-Cotta, Stuttgart

Tolkien, J. R. R. (1998): *Der Herr der Ringe/Anhänge.* Hobbit Presse/Klett-Cotta, Stuttgart

Tolkiens World. Paintings of Middle-earth. 1994, Harper-Collins *Publisher*, London,

Tolstoy, Nikolai (1997): *Auf der Suche nach Merlin. Mythos und geschichtliche Wahrheit.* Diederichs-Verlag, München

Weinreich, Frank (2007): *Fantasy. Einführung*. Oldib Verlag, Essen

Yandell, Stephen (1992): *„A Pattern Wich Our Nature Cries Out For“: The Medieval Tradition of the Ordered Four in the Fiction of J.R.R. Tolkien*. In: Proceedings of the J.R.R. Tolkien Centenary Conference. Keble College, Oxford, 1992, S. 375-392

~ Danksagung ~

Dieses Buch entstand aus dem Wunsch heraus, mehr über Tolkien und seine Geschichten zu erfahren. Vor vielen Jahren nach der Lektüre des *Hobbits* und des *Herrn der Ringe* erwuchs in mir ein Bedürfnis, tiefer in Tolkiens Welt einzutauchen. So fand sich über die Jahre mehr und mehr interessantes Material – manch altes und auch einiges neue –, mischte sich mit eigenen Gedanken, so dass letztlich dieses Buch das Ergebnis dieses Interesses geworden ist. An dieser Stelle möchte ich insbesondere bei Dr. Frank Weinreich bedanken für die Bereitschaft ein Vorwort für diesen Band zu verfassen, aber auch für die bisherige (und noch kommende) schöne Zeit, die wir im Rahmen von Vorträgen, Diskussionen und Conventions zu Tolkien und der Fantasyliteratur gemeinsam verbringen.

Melanie Philippi danke ich für die beiden schönen Kapitelillustrationen.

Meiner Frau Hanna Kröger-Bidlo danke ich herzlich für die Unterstützung beim Lektorat und der Verbesserung des Textes. Alle noch vorhandenen Fehler sind meine eigenen.

Besonders danke ich der Deutschen Tolkien Gesellschaft (DTG), die Tagungen, Feste, und Zusammenkünfte organisiert und so erst eine Plattform bietet, die es Experten und Interessierten ermöglicht, sich auszutauschen.

Schließlich gilt mein Dank all jenen, die mir bei Vorträgen und Veranstaltungen rund um Tolkien durch ihre Diskussionbereitschaft und ihre Rückmeldungen neue und erweiterte Ansichten gegeben haben.

~ Über den Autor ~

Oliver Bidlo, Dr., studierte Kommunikationswissenschaft, Germanistik und Soziologie und arbeitet als wissenschaftlicher Mitarbeiter im Fach Kommunikationswissenschaft an der Universität Duisburg-Essen; Lehraufträge im Bereich Soziologie, Kommunikationswissenschaft und Kriminologie an der Ruhr-Universität Bochum, Universität Duisburg-Essen und der Hochschule Fulda.
Er ist Mitglied der Deutschen Tolkien Gesellschaft (DTG), der Deutschen Gesellschaft für Soziologie (DGS) und der Martin Buber Gesellschaft.
Im Bereich der Tolkienforschung hat er eine Reihe von Aufsätzen und eine weitere Monografie *Sehnsucht nach Mittelerde?* veröffentlicht und ist regelmäßiger Gast und Vortragender auf der RingCon und vielen weiteren Veranstaltungen, die sich mit Tolkiens Welt Mittelerde und der Fantasyliteratur auseinandersetzen.

Kontakt: Email: oliverbidlo@gmx.de

~ Anmerkungen ~

[1] Um den Zahlencharakter an dieser und anderer Stelle deutlicher zu machen, wird die Zahl nicht ausgeschrieben, sondern die Ziffer verwendet. Die Schreibweise der Zahlen ist daher – je nach Bedarf und Verdeutlichung – im Buch nicht immer einheitlich und entspricht genau genommen nicht der geltenden Rechtschreibung. Die Schreibweise folgt solcherart der *künstlerischen* Freiheit des Autors.

[2] Weinreich, Frank (2007): *Fantasy. Einführung.* S. 57-58

[3] Schneidewind, Friedhelm (2008): *Mythologie und phantastische Literatur.* Umschlagtext

[4] Vgl. besonders Bidlo, Oliver (2003): *Sehnsucht nach Mittelerde?* und Bidlo, Oliver (2010): *Mittelerde als Ausdruck romantischer Kreativität und Sehnsucht.* In: Jahrbuch der Deutschen Tolkien Gesellschaft „Hithers Shore", S. 32-47

[5] Vgl. Shippey, Tom (2008): *Der Weg nach Mittelerde*. S. 383 ff.

[6] Zit. nach Carpenter, Humphrey (1979): *J. R. R. Tolkien. Eine Biographie.* S. 122

[7] Tolkien, J. R. R. (1981): *Der Herr der Ringe.* Bd. 1-3, hier Band 1, S. 11-12

[8] Vgl. hierzu meinen Aufsatz *Verbotene Pfade nach Mittelerde?* In: Jahrbuch der Deutschen Tolkien Gesellschaft „Hithers Shore", S. 25-36

[9] Ich habe an anderer Stelle bereits deutlich gemacht, welche Schwierigkeiten es gibt mit den Aussagen eines Autors zu seinem Werk und wie man damit umgehen muss. Vgl. allgemein meinen Aufsatz *Verbotene Pfade nach Mittelerde?*, a.a.O.

[10] Vgl. Tolkien, Christopher (Hrsg., 1999): *J. R. R. Tolkien: Das Silmarilion.* S. 21

[11] Kühnel, Harry (1996): Alltag im Spätmittelalter. S. 272

[12] Für einen vielseitigen Blick auf das Thema „Musik in Mittelerde" verweise ich auf das Buch von Friedhelm Schneidwind und Heidi Steimel (Hrsg.) *Musik in Mittelerde.* Zitat hier S. 7

[13] Einhaus, Barbara (1989): *„The Lord of the rings": Logik der kreativen Imagination*. S. 8

[14] Petzold, Dieter: Tolkiens Kosmos. In: Pesch (Hrsg., 1984), S. 125

[15] Man denke hier beispielsweise an Mellie Uylerts „Die Entdeckung von Mittelerde – Symbolik von Tolkiens *Der Herr der Ringe*"

[16] *Tolkiens World. Paintings of Middle-earth.* 1994, HarperCollins *Publisher*, London, Anhang

[17] Vgl. Hammond, Wayne G., Scull, Christina (1996): *J. R. R. Tolkien. Der Künstler.* S. 95

[18] Shippey, Tom (2002): *J. R. R. Tolkien. Autor des Jahrhunderts*. S. 363

[19] Einen Überblick und eine Einführung zu diesem Aspekt findet sich z.B. bei Ehlert, Trude (Hrsg., 1983): *Gerhard Meissburg: Einführung in die mediävistische Germanistik.*

[20] Vgl. hierzu – wie erwähnt – mein Buch *Sehnsucht nach Mittelerde?* und den Aufsatz *Mittelerde als Ausdruck romantischer Kreativität und Sehnsucht,* die Tolkiens romantische Geisteshaltung offenlegen.

[21] Krege, Wolfgang (1999): *Handbuch der Weisen von Mittelerde – mit Landkarten und Tabellen von J. R. R. Tolkien.* S. 5

[22] Tolkien, J. R. R. (1981), Band 2, S. 209

[23] Tolkien, J. R. R (1991): *Briefe*. S. 476

[24] Freud, Sigmund (2000): *Vorlesung zur Einführung in die Psychoanalyse*. S. 43

[25] Tolkien, J. R. R. (1981), Band 2, S. S. 306

[26] Vgl. Tolstoy, Nikolai (1997): *Auf der Suche nach Merlin. Mythos und geschichtliche Wahrheit*. S. 54 ff.

[27] Zit. nach Grotta, Daniel (1979): *Eine Biographie von J. R. R. Tolkien – Architekt von Mittelerde*. Qualander Verlag, Aalen, S. 31

[28] Vgl. Tolkien, J. R. R.: *Brief an Milton Waldman*. In: Pesch (Hrsg., 1984), S. 27

[29] Tolstoy, Nikolai (1997): S. 47

[30] Zit. nach ebd. S. 48

[31] Vgl. Markale, Jean (1996): *Die Druiden. Gesellschaft und Götter der Kelten*. S. 19 ff.

[32] Vgl. ebd. S. 37

[33] Tolkien, J. R. R. (1981), Band 3, S. 28

[34] Zit. nach Markale, Jean (1996), S. 38

[35] Vgl. ebd. S. 40

[36] Vgl. Tolstoy, Nikolai (1997), S. 103 ff.

[37] Zit. nach Markale, Jean (1996), S. 25

[38] Vgl. ebd. S. 25

[39] Vgl. Tolkien, Christopher (Hrsg., 1996): *J. R. R. Tolkien: Nachrichten aus Mittelerde*. S. 507 ff. und S. 521 (Anmerkung 3)

[40] Kreeft, Peter: *Das Staunen des Silmarillion*. In: Pesch (Hrsg., 1984), S. 169

[41] Vgl. Edel, Momo, Wallrath, Bertram (2000): *Götter, Barden und Druiden*. S. 87-89

[42] Herrmann, Paul (1992): *Nordische Mythologie.* S. 26 ff.

[43] Vgl. hierzu Beit, Hedwick von (1965): *Das Märchen. Sein Ort in der geistigen Entwicklung*. S. 71 ff.

[44] Vgl. Green, Miranda Jane (1994): *Keltische Mythen*. S. 139

[45] Tolkien, J. R. R. (1981), Band 2, S. 35, S. 37, S. 38

[46] Für eine eingehende Darstellung von Geschichte in Tolkiens *Der Herr der Ringe* vgl. vor allem Nester, Holle (1993): Shadow of the Past. Darstellung und Funktion der geschichtlichen Sekundärwelten in J.R.R. Tolkiens *The Lord of the Rings*, Ursula K. Le Guins *Earthsea-Tetralogy* und Patricia McKillips *Riddle-Master-Trilogy*. Hier besonders S. 89 ff.

[47] Vgl. ebd. S. 29 ff. und S. 49; besprochen wird dieser Aspekt auch bei Manlove, C.N.: *Der Herr der Ringe*. In: Pesch (Hrsg., 1984), S. 91 ff.

[48] Vgl. Einhaus, Barbara (1989), S. 59 ff.

[49] Tolkien, J.R.R. (1981), Band 1, S. 46

[50] Zit.. nach Shippey, Tom (2002), S. 225

[51] Tolkien, J.R.R. (1981), Band 1, S. 43

[52] Vgl. Endres, Franz Carl, Schimmel, Annemarie (2001): *Das Mysterium der Zahl. Zahlensymbolik im Kulturvergleich*. S. 10

[53] Meyer, Heinz (1975): *Die Zahlenallegorese im Mittelalter. Methode und Gebrauch*. S. 31

[54] Vgl. ebd. S. 9

[55] Vgl. Endres, Franz Carl, Schimmel, Annemarie (2001), S. 39

[56] Zit. nach Ellis, Keith (1979): *Magie der Zahl. Ihre Rolle in Natur, Kunst und Alltag*. S. 23

[57] Vgl. Endres, Franz Carl, Schimmel, Annemarie (2001), S. 209 ff.

[58] Tolkien, J. R. R (1991), S. 550

[59] Für eine ausführliche Darstellung über Loki und den germanischen Götterglauben vgl. Golther, Wolfgang (1895): *Handbuch der germanischen Mythologie*. Hier S. 406 ff. oder Diederich, Ulf (Hrsg., 1989): *Germanische Götterlehre. Nach den Quellen der Lieder- und der Prosa-Edda*.

[60] Vgl. hierzu Beit, Hedwick von (1965), S. 185 ff.

[61] Lüthi, Max (1990): *Das Volksmärchen als Dichtung: Ästhetik und Anthropologie*. S.154

[62] Bode, Matthias (2000): *Erläuterungen zu J. R. R. Tolkien: Der Hobbit*. S. 75

[63] Wer mehr über die unzähligen Wortspielereien und hintersinnigen Wortbelegungen bei Tolkien wissen will, dem sei eines der m. E. wohl am schönsten gestalteten Bücher empfohlen, das sich mit Tolkien und seinem Werk auseinandersetzt. Es handelt sich um das Buch von Day, David (1997): *Das Buch von den Hobbits*. Neben den Erklärungen zu versteckten Bedeutungen und mythischen Assoziationen gefallen hier vor allem die sehr schönen Illustrationen von Lidia Postma.

[64] Vgl. Bauer, Hannspeter (1983): *Die Verfahren der Textbildung in J.R.R. Tolkiens The Hobbit*. S. 42

[65] Tolkien, J. R. R. (1974): *Der kleine Hobbit*. S. 26

[66] Ebd. S. 26

[67] Ebd. S. 226

[68] Ebd. S. 227

[69] Vgl. Bichler, Albert (1998): *Die vierzehn Nothelfer*. S. 6

[70] Vgl. ebd. S. 8

[71] Vgl. Endres, Franz Carl, Schimmel, Annemarie (2001), S. 228

[72] Vgl. Bichler, Albert (1998), S. 43 ff.
[73] Vgl. ebd. S. 44
[74] Vgl. ebd. S. 45
[75] Tolkien, J. R. R. (2008a): *The History of The Hobbit*. Part One. Mr. Baggins. S. 364
[76] Tolkien, J. R. R. (2008b): *The History of The Hobbit*. Part Two. Return to Bag-End. S. 497
[77] Vgl. Tolkien, J. R. R. (2008b), S. 555 ff.
[78] Shippey, Tom (2008), a.a.O., S. 35
[79] Vgl. hierzu u.a. Barrett, David V. (1995): *Zahlensymbolik und was sie bedeutet*. S. 34 ff.
[80] Vgl. Endres, Franz Carl, Schimmel, Annemarie (2001), S. 102
[81] Vgl. Ebd. S. 103 ff.
[82] Yandell, Stephen (1992): „A Pattern Wich Our Nature Cries Out For": The Medieval Tradition of the Ordered Four in the Fiction of J.R.R. Tolkien S. In: Proceedings of the J.R.R. Tolkien Centenary Conference. S. 375
[83] Vgl. Yandell, Stephen, a.a.O., S. 375
[84] Carpenter, Humphrey (1979), S. 109
[85] Vgl. Golther, Wolfgang (1895), S. 241
[86] Vgl. Day, David (1997), S. 16
[87] Bauer, Hannspeter (1983), S. 48
[88] Vgl. ebd. S. 46
[89] Zit. nach ebd. S. 46
[90] Tolkien, J. R. R (1991), S. 476
[91] Vgl. Shippey, Tom (2002), S. 260
[92] Ebd. S. 260
[93] Vgl. Purtill, Richard L. (1984): *J.R.R. Tolkien. Myth, Morality, and Religion*. S. 45
[94] Tolkien, J. R. R. (1974), S. 159
[95] Vgl. Purtill, Richard L. (1984), S. 58 ff.
[96] Vgl. Endres, Franz Carl, Schimmel, Annemarie (2001), a.a.O. S. 189 ff.

[97] Tolkien, J. R. R.: Brief an Milton Waldman. In: Pesch (Hrsg., 1984), S. 27

[98] Einhaus, Barbara (1989), S. 41

[99] Hetmann, Frederik (1984): *Die Freuden der Fantasy. Von Tolkien bis Ende*. Ullstein, Berlin, S.42

[100] Helms, Randel: *Myth, Magic and Meaning in Tolkiens World*. Zit. nach Hetmann, Frederik (1984), S. 39

[101] Ebd. S. 39-40

[102] Shippey, Tom (2002), S. 221

[103] Zit. nach Frayling, Christopher (1995): *Geheimnisvolle Welt. Eine Reise durch das Mittelalter*. S. 12-13

[104] Vgl. ebd. S. 19